COVID-19

Au-delà des masques et des libertés sous quarantaine

© Nicolas Chambani
Code ISBN : 9798873436279
Marque éditoriale : Independently published
Dépôt légal : avril 2024
Courriel : <u>nicolas.chambani@proton.me</u>

NICOLAS CHAMBANI

COVID-19
Au-delà des masques et des libertés sous quarantaine

1

Introduction

Pourquoi avoir écrit ce livre ? Vous me direz, à juste titre, que le sujet de la crise du COVID-19 a déjà été traité en long, en large et en travers. Que ce soit par les journaux télévisés, par les Youtubeurs ou même dans des livres. Vous pouvez avoir accès à pléthores d'informations, en tout cas pour ce qui n'a pas été censuré.

Mais ce n'était pas suffisant pour moi. Au moment de l'arrivée du virus en Europe, notamment en Italie, j'ai commencé à prendre des notes, sans mise en forme particulière et sans ordonnancement. Je ne savais pas encore pourquoi, mais je sentais que cela me serait déjà utile.

J'ai souhaité laisser une trace écrite de mon point de vue, en tant que personne non vaccinée, sur mon vécu et mon ressenti tout au long de l'évolution de cette plandémie. Ce terme de *plandémie* vous choque ? Attendez d'avoir terminé la lecture de ce livre avant de l'écarter de votre esprit.

Les années passent et les souvenirs s'effacent. Mais surtout, lire quelques articles de presse des années après un événement aussi majeur n'est en rien comparable avec le partage de son vécu, de son histoire et des faits pour une partie de la population. Je souhaitais garder un instantané des faits et des événements.

Je ne suis ni médecin ni scientifique et je n'ai bien évidemment aucun lien d'intérêt.

Ce que je partage dans ce livre est mon point de vue qui n'engage que moi, mais les informations que je cite sont factuelles.

Pendant cette crise, en France et ailleurs, le débat ou le fait de déclarer que vous n'étiez pas d'accord avec la **doxa** (d'après la définition du Larousse : « Ensemble des opinions communes aux membres d'une société et qui sont relatives à un comportement social ») est devenu honteux, voire interdit. Rapidement après l'arrivée du virus en France et ce pendant trois ans, tous ceux qui sortaient de la pensée dominante, qui ne se rangeaient pas du côté du narratif officiel ou qui simplement osaient se poser des questions étaient détruits, ridiculisés et **ostracisés** (d'après la définition du Larousse : « Action de tenir quelqu'un qui ne plaît pas à l'écart d'un groupe, d'une société, d'une manière discriminatoire et injuste »).

Mon opinion, mon interprétation des faits et son expression restent, pour le moment, une liberté dont il est encore possible d'user malgré les embuches mises à tous les niveaux.

Dans cet ouvrage, j'ai souhaité rassembler toutes ces informations publiées et qui m'ont marquées. Certaines parfois ont fait les titres des journaux pendant quelques jours avant de disparaitre, remplacées rapidement par d'autres actualités.

Nous vivons dans une société où tout va vite, chacun étant pris dans le tourbillon de ses occupations quotidiennes. Même si internet n'oublie presque rien (oui presque, car des articles entiers ont été supprimés), rassembler mon vécu sous une forme de livre permet d'y laisser une trace indélébile et inaltérable.

Que vous soyez d'accord ou pas avec moi, ce n'est pas le plus important. Je ne cherche pas à vous convaincre, un soutien ou de la compassion, mais à vous faire ouvrir les yeux sur ce que nous avons vécu, nous les personnes non vaccinées. Je ne me revendique en aucun cas comme étant le porte-parole des non-vaccinés, mais je pense que nous avons été des centaines de milliers à vivre cette placardisation, à des niveaux plus ou moins intenses.

Interrogez-vous, sortez de votre zone de confort et remettez en cause tout le narratif pour vous faire votre propre opinion.

Ne prenez pas pour argent comptant ce que je raconte dans ce livre. Allez vérifier et vérifiez encore par vous-même.

À travers tous ces chapitres, je tente non seulement de vous relater mon sentiment sur ce virus, mais aussi tout ce qu'il a pu se produire autour. Vous pouvez lire ce livre comme un roman ou en piochant dans les chapitres dans l'ordre qui vous plaira.

★★
★ **Information pratique** : à chaque fois que vous verrez ce symbole, cela signifie que le texte, code ou vidéo dont il est question est consultable sur le cloud en vous aidant du QR CODE disponible à la fin de l'ouvrage.

2

Qui suis-je et
pourquoi je ne suis pas vacciné ?

Âgé de 45 ans et titulaire d'un diplôme littéraire, j'ai toujours été curieux, de tout, tout le temps.

Malgré tout, comme une majorité de Français, je n'ai jamais remis en doute ce que je pouvais lire dans la presse, voir à la télévision ou entendre de la part du gouvernement (quel que soit son bord politique). Pour moi, un État et ses représentants, élus par le peuple et au service du peuple, ne pouvaient pas agir contre leurs intérêts.

Oui, j'étais naïf. Jusqu'à l'arrivée du COVID-19.

D'abord, d'après les informations communiquées, il n'y avait aucune raison de s'inquiéter. Le virus, découvert en Chine, semblait circonscrit (novembre/décembre 2019). Et la Chine, c'est loin ! De mémoire, les premiers cas en Europe arrivaient en Italie et le virus mortel (comme je l'avais perçu à l'époque) se rapprochait dangereusement de notre pays. La machine médiatique et politique commençait alors à se mettre en branle après avoir minimisé la gravité de la situation. Et c'est là que tout a débuté pour moi.

J'ai d'abord été sidéré ou plutôt frappé de stupeur dans le sens littéral du mot. Puis le gouvernement a commencé à gérer la crise. En janvier/février 2020, tout s'est déchaîné. Les articles de journaux, la presse écrite, des envoyés spéciaux, des reportages, des émissions entières ont commencé à être consacrées au « virus mortel ». Les chiffres de cas avec des courbes étaient affichés en permanence et ouvraient tous les journaux télévisés. En mars, le président Emmanuel Macron annonçait *« nous sommes en guerre »*. Après l'état de sidération, j'ai commencé à me poser des questions et j'ai fait un parallèle avec l'épidémie mondiale (déclarée comme telle par l'Organisation Mondiale de la Santé) de H1N1 en 2009 qui aura duré environ un an en France avec un bilan d'environ

320 morts. Je me souviens de l'état de catastrophisme et de la gestion calamiteuse de la campagne vaccinale de Roselyne Bachelot, ministre de la Santé de l'époque. Je me souviens aussi des effets secondaires du vaccin officiellement inexistants au début, et qui se sont ensuite multipliés.

En décembre 2020, le premier vaccin anti-COVID est annoncé et commence à être inoculé *« pour tous et gratuitement »*. Je me pose alors une question qui peut paraître simple à ce moment-là : comment est-il possible d'avoir trouvé un vaccin en un an alors qu'il faut en moyenne une dizaine d'années pour respecter toutes les étapes avant son déploiement en population générale ? Comment savoir pour les effets secondaires ? Comment être sûr qu'il est efficace ? Malgré le bourrage de crâne omniprésent et l'ostracisme de ceux qui osaient se poser ces questions publiquement, j'ai résisté et j'ai refusé l'injection. Par chance, mon travail n'a pas été concerné par l'obligation vaccinale. Il aurait été tellement plus simple d'y céder, mais j'ai résisté. Aurais-je accepté le vaccin s'il avait été exigé dans le cadre de mon activité professionnelle ? La réponse est oui. Car qui aurait payé mes factures, mes crédits et comment aurai-je fait pour vivre sinon ?

J'ajoute que je suis à jour pour tous les autres vaccins et de leurs rappels. Et cela ne m'a posé aucun problème jusqu'à l'arrivée du vaccin COVID-19.

Évidemment, la pression était à son comble. À ce moment-là, ceux qui refusaient le vaccin étaient considérés comme des fous, des complotistes antivax ou des assassins. Lorsque j'essayais de faire part de mes doutes autour de moi (au niveau familial et professionnel), j'entendais les mêmes mots que ceux débités par les journaux. Chaque question, chaque doute s'écrasait à une réponse utilisant les mêmes éléments de langage entendus dans la presse et les médias.

J'ai essayé au début de faire valoir mon point de vue, d'argumenter et d'ouvrir les yeux de mon entourage, mais c'était peine perdue. De las, j'ai arrêté. J'écoutais en silence et restais seul avec mes interrogations et mes suspicions. L'heure n'était pas au débat, mais à la panique et à l'hystérie des chiffres. D'abord ceux des décès et ensuite des cas, des milliers de cas, de la saturation des hôpitaux et des pénuries.

Dans les chapitres qui vont suivre, j'ai rassemblé toutes les informations qui m'ont semblé pertinentes et éclairantes. Vous connaissez certaines d'entres-elles, mais pas toutes, j'en suis certain. Nous avons été noyés sous tellement d'informations contradictoires qu'il était difficile de suivre et de s'y retrouver. Était-ce volontaire et organisé de la sorte ? Possible.

Quelles sont les informations qui ne nous ont pas été révélées ou mises en avant par nos médias subventionnés ? Qui a décidé et de quoi ? Et était-ce dans l'intérêt de la population, notre intérêt de citoyen ?

C'est ce que nous allons découvrir ensemble.

3

Chronologie de l'épidémie et des mesures gouvernementales

Introduction

Il est important de revenir sur la chronologie des événements, depuis la « rumeur » de l'émergence d'un virus respiratoire en Chine jusqu'à son arrivée en Europe. Il n'y a aucune interprétation de ma part, simplement des dates et des chiffres. Si vous ne souhaitez pas revenir sur le déroulement chronologique de cette épidémie, passez ce chapitre. Mon point de vue sera détaillé tout au long des autres.

Chronologie

Novembre 2019 - Les premiers cas chinois

Premiers cas signalés dans la ville de Wuhan (province du Hubei) dans le centre de la Chine de plusieurs patients atteints de pneumonie virale d'origine inconnue et inexpliquée. Ils auraient tous fréquenté le marché *Hunan Seafood* connu pour vendre des volailles, des chauves-souris et autres animaux sauvages vivants.

Décembre 2019

- Un ophtalmologue chinois de l'hôpital central de Wuhan, Li Wenliang, alerte par message huit de ses collègues sur la découverte d'une maladie mystérieuse.

- Premier signalement de l'OMS de cas de pneumonie atypique en Chine.

Janvier 2020 - Les premiers cas européens

- La Chine annonçait officiellement le premier mort d'une « pneumonie atypique ». Mais il est possible que des décès aient eu lieu avant cette date, les autorités chinoises n'ayant pas été transparentes depuis le début de l'épidémie.[1]

- Les 11 millions d'habitants de Wuhan ont l'interdiction de quitter la ville.

- Les trois premiers cas européens sont confirmés en France sur des patients hospitalisés à Bordeaux et à Paris. Placés à l'isolement, ils proviendraient de Chine. Air France suspend ses vols vers la Chine. Mais un avion ramenant 200 Français de Wuhan atterrit à Istres (Bouches-du-Rhône).

Février 2020 - Les premiers décès français

- Premier décès d'un touriste chinois hospitalisé à Paris depuis fin janvier.

- Confinement total à Wuhan.

- Premier décès en France d'un Français contaminé par le nouveau coronavirus. La victime, un enseignant d'un collège de Crépy-en-Valois (60), âgé de 60 ans, est décédée à l'hôpital de la Pitié-Salpêtrière à Paris.

- Passage de la France au stade 2 de la situation épidémique, stratégie dite de l'endiguement.

- Un vol d'évacuation de ressortissants français (environ 250) de Wuhan a commencé et est arrivé à Paris-Orly.

- Le pays interdit les rassemblements dépassant 5000 personnes en milieux confinés. La France franchit la barre des 100 cas. Presque une soixantaine de pays est touchée.

Mars 2020 - Premier confinement

- Le gouvernement réquisitionne les stocks de masques de protection. Les prix des gels désinfectants hydroalcooliques sont plafonnés. Le cap des 1000 cas est franchi en France. Fermeture pendant deux semaines des établissements scolaires de l'Oise et du Haut-Rhin.

- Première allocution télévisée d'Emmanuel Macron sur l'épidémie. Fermeture des crèches, écoles, collèges, lycées et universités. Les personnes les plus vulnérables

---

[1] Source : https://www.sudouest.fr/sante/coronavirus/il-y-a-deux-ans-la-chine-annoncait-le-premier-mort-d-une-pneumonie-atypique-nommee-ensuite-covid-19-7641578.php

doivent rester chez elles, mais le premier tour des élections municipales est maintenu le 15 mars.[2]

• Le Premier ministre Édouard Philippe annonce l'interdiction des rassemblements de plus de 100 personnes.

• L'Hexagone passe au stade 3 de l'épidémie (stade de l'épidémie déclarée). Le Premier ministre Édouard Philippe annonce la fermeture des lieux non indispensables et des commerces non essentiels à la veille du premier tour des élections municipales.

• L'Agence Régionale de Santé de Nouvelle-Aquitaine annonce les deux premiers décès dans la région (l'un âgé de 85 ans hospitalisé suite à une chute et souffrant de pneumopathie chronique, l'autre, âgée de 85 ans également, souffrant de plusieurs maladies chroniques).

• L'ARS annonce 5400 cas et 120 décès.

• Emmanuel Macron qui déclare *« nous sommes en guerre »* annonce des mesures de confinement, une restriction drastique des déplacements individuels sous peine d'amende, la fermeture des frontières de l'Union européenne et la suspension de la réforme des retraites.

• Confinement du pays pour 15 jours minimum. Mise en place des « auto attestations » pour justifier de ses déplacements sous peine d'amende (135 €).[3]

• Le Premier ministre Édouard Philippe annonce la prolongation du confinement jusqu'au 15 avril.

• Emmanuel Macron promet 10 millions de masques fabriqués en France et veut *« rebâtir une souveraineté nationale »* en relocalisant les industries stratégiques. Il annonce aussi une dotation exceptionnelle de 4 milliards d'euros à Santé publique France pour financer les commandes en médicaments, en respirateurs et en masques.

---

[2] Source : https://www.sudouest.fr/politique/emmanuel-macron/ecoles-fermees-municipales-maintenues-les-principales-annonces-de-macron-face-au-coronavirus-2026631.php

[3] Source : https://www.lecese.fr/actualites/covid-19-les-mesures-prises-pour-lutter-contre-la-propagation-du-virus

Avril 2020 - L'épidémie continue

- Le professeur Jérôme SALOMON dévoile le premier bilan en EHPAD : 884 décès.
- Emmanuel Macron annonce le strict prolongement du confinement jusqu'au 11 mai.
- Édouard Philippe dévoile les grandes lignes du plan de déconfinement. Les déplacements de plus de 100 km sont interdits.

Mai 2020 - Levée progressive du confinement

- En fonction de la couleur du département (rouge, orange, vert déterminé par le niveau d'infection), le confinement est progressivement levé.
- Prolongation de l'état d'urgence jusqu'au 10 juillet.
- Début du déconfinement progressif.
- Édouard Philippe annonce le début de la seconde phase du déconfinement de juin.

Juin 2020 - Deuxième et troisième phase du déconfinement

- Début de la phase 2 du déconfinement. Réouverture des bars, restaurants et piscines, rentrée dans les écoles, les collèges et les lycées en fonction de la couleur des départements. Le gouvernement lève la règle des 100 km de restriction des déplacements. Réouverture des cinémas et des casinos.
- Le second tour des élections municipales a lieu et début de la phase 3 du déconfinement. Les écoles et collèges rouvrent pour tous.

De juillet à août 2020 (deuxième vague)

Retour du masque obligatoire dans les lieux publics confinés et dans les établissements scolaires (collèges et lycées) à la rentrée et en entreprise.

Septembre 2020 - Masques pour tous

Le Premier ministre Jean Castex déclare dans son discours suite au conseil de défense sanitaire que la durée de l'isolement serait de 7 jours au lieu de 14 jours. Port du masque obligatoire, même en entreprise et dans les établissements scolaires.

Octobre 2020 - L'épidémie progresse fortement

- Mise en place de jauges dans les centres commerciaux. De nouvelles restrictions sont mises en place à Paris et en petite banlieue.

- Le plan blanc est déclenché par l'Agence Régionale de Santé (augmentation des capacités d'accueil des patients, déprogrammation des activités chirurgicales non urgentes, réorganisation des plannings des personnels…).

- Jean-Castex annonce la mise en place du couvre-feu en Île-de-France et dans huit métropoles pour au minimum quatre semaines.

- Remise en place de l'état d'urgence sanitaire sur le territoire.

- Couvre-feu étendu à d'autres départements.

L'application *Stop COVID* est appelée maintenant *Tous Anti-COVID*.

Depuis le début de l'épidémie, il y aurait eu 32 000 morts en France.

- La France est reconfinée jusqu'au 1er décembre au moins.

- Le télétravail est de nouveau généralisé.

- Obligation de rédiger une auto-attestation de déplacement pour se déplacer.

- Les établissements scolaires sont ouverts, mais les établissements recevant du public, les bars et restaurants, les cinémas, les musées et les salles de spectacle sont fermés. Les marchés restent ouverts.

- Les visites en EHPAD sont autorisées.

Novembre 2020

- Début de la sortie du confinement en trois étapes.

- Allocution d'Emmanuel Macron. Il faut tout faire pour éviter une troisième vague.

- Réouverture progressive des commerces, circulation autorisée avec attestation en fonction de la jauge des contaminations. La vaccination commence fin décembre.

Décembre 2020 - Début des vaccinations

- Jean-Castex annonce une *« vaccination gratuite pour tous »* et qui ne sera *« pas obligatoire »*.

- Pour Noël, mise en place d'une jauge de six adultes à table maximum. Et une amende (135 €) pour ceux qui ne respecteraient pas cette jauge avec des vérifications domiciliaires par la police.

- Fin de l'attestation de déplacement, mais couvre-feu toujours en place de 20 h à 6 h.

- Les vaccins Pfizer/BioNTech sont autorisés en Europe.

Janvier 2021 - Début de la vaccination de masse, couvre-feu à 18 h

- Le couvre-feu est ramené à 18 h et est étendu à 10 nouveaux départements.

- Les établissements culturels, sportifs et de ski resteront fermés.

- Les activités physiques, scolaires et périscolaires en intérieur sont suspendues.

- Ouverture de plus de 700 centres de vaccination.

- Fin janvier, Jean Castex annonce non pas un troisième confinement, mais de nouvelles restrictions : contrôles renforcés du couvre-feu, des frontières, fermeture des grandes surfaces (plus de 20 000 mètres carrés). Mais aussi une accélération de la campagne de vaccination.

De mars à avril 2020

Il y a aurait eu 91 196 morts du COVID-19 en France et 2,7 millions à travers le monde.

- Suspension de la vaccination avec le vaccin d'AstraZeneca. Il existait une suspicion d'un lien entre le vaccin et des cas de thromboses veineuses cérébrales (CVC) et de thromboses veineuses profondes (TVP).

- Les restrictions sanitaires renforcées s'étendent à trois nouveaux départements.

- Emmanuel Macron annonce un couvre-feu sur l'ensemble du territoire à partir de 19 h. Les sorties deviennent interdites sauf pour aller faire des courses ou se rendre chez le médecin. Le sport et les ballades sont autorisés à 10 km maximum autour de son domicile.

• L'attestation de déplacement est obligatoire pour des déplacements supérieurs à 10 km. Les vacances sont avancées au 9 avril à toutes les zones. Fermeture scolaire pendant trois semaines.

• Emmanuel Macron fait de la vaccination une *« priorité nationale »*.

• Troisième confinement au niveau national.

• Trois semaines après, réouverture des établissements scolaires avec *« un protocole sanitaire strict »* et un *« renforcement massif des capacités de tests »*.

• Fin de l'attestation pour se déplacer au-delà de 10 km.

• Le vaccin Johnson & Johnson devient accessible à tous.

• Début du déconfinement en quatre étapes : rentrée en présentiel des collégiens et lycéens, fin de l'attestation pour les déplacements, mais couvre-feu et télétravail maintenus.

• Réouverture des bars, des restaurants, des commerces, des lieux de culture et des cinémas.

• Le couvre-feu est décalé à 21 h. Les rassemblements de plus de 10 personnes sont toujours interdits.

• Ouverture de la campagne officielle de vaccination pour tous.

Juin 2021

• De nouveaux assouplissements pour les deux prochaines étapes du déconfinement : couvre-feu décalé à 23 h, réouverture des bars et des restaurants, mais à 6 personnes maximum, réouverture des salles de sport, des salons et des expositions, retour des touristes autorisé.

• Ouverture de la vaccination pour les jeunes de 12 à 18 ans.

• Fin du masque en extérieur, levée du couvre-feu.

Juillet 2021

• Réouverture des discothèques sous jauge.

- Allocution d'Emmanuel Macron qui décide d'imposer la vaccination aux personnels (soignants ou non) des établissements de santé, des professionnels et des bénévoles travaillant auprès des personnes âgées.

- Le passe sanitaire est étendu à tous les lieux de culture et de rassemblement de plus de 50 personnes.

- L'accès aux cafés, aux restaurants, aux centres commerciaux, aux moyens de transports collectifs et aux établissements médicaux est autorisé seulement aux personnes vaccinées ou avec un test PCR négatif.

- Le Parlement adopte définitivement l'obligation vaccinale pour les soignants et l'extension du passe sanitaire.

D'août à septembre 2021 - Extension du passe sanitaire et rentrée scolaire

- Extension du passe dans les bars, les restaurants et les hôpitaux.

- Développement des autotests supervisés par un professionnel de santé.

- Le passe sanitaire devient obligatoire pour les personnels en contact avec le public.

- La rentrée scolaire est autorisée avec application du protocole sanitaire et lancement de la campagne de vaccination dans les collèges et lycées.

- Lancement de la campagne de rappel vaccinal pour les plus de 65 ans.

- Mise en place du passe sanitaire pour les mineurs de 12 à 17 ans.

D'octobre à décembre 2021 - Fin de la gratuité des tests de confort

- Retour du masque à l'école. Emmanuel Macron appelle les Français à poursuivre leur vaccination. La Haute Autorité de santé recommande une dose de rappel vaccinal aux personnes de plus de 40 ans.

- Olivier Véran annonce la troisième injection pour tous (sans cette dose, le passe sanitaire ne sera plus validé).

- Arrivée du nouveau variant sud-africain (Omicron).

- Arrivée de la *« cinquième vague »*.

- Fermeture des discothèques, télétravail renforcé, vaccination pour les enfants à risque.

- Ouverture par la HAS de la vaccination à tous les enfants de 5 à 11 ans.

- Retour des masques en extérieur, dose de rappel, retour des jauges en intérieur et en extérieur, télétravail obligatoire trois jours par semaine.

Janvier 2022

- Transformation du passe sanitaire en passe vaccinal.

- Jean Castex annonce un assouplissement des restrictions en deux étapes : suppression des jauges, fin du port du masque en extérieur, le télétravail n'est plus obligatoire, consommation obligatoire debout dans les bars et debout dans les stades, cinémas et transports, reprise des concerts debout et réouverture des discothèques.

- Le passe sanitaire est remplacé par le passe vaccinal et sera obligatoire dans les bars, restaurants ou pour assister à des événements culturels.

De février à juillet 2022

- Début de la levée progressive des restrictions prises pour lutter contre l'épidémie.

- La prestigieuse revue *Science* arrive à la conclusion que l'épidémie a commencé sur le marché de Wuhan en Chine, qu'elle serait d'origine animale et aurait pour source les chauves-souris.

Pour obtenir une chronologie beaucoup plus détaillée, je vous invite à lire l'article intitulé *« Vaccination contre le COVID-19 : la chronologie d'une épidémie mondiale apparue en janvier 2020 »* du journal Sud Ouest publié le 5 mai 2023. [4]

De mars à mai 2023

La Haute Autorité de santé recommande de *« lever l'obligation de vaccination »* des soignants français. Le ministre

---

[4] Source : https://www.sudouest.fr/international/chine/covid-19-la-chronologie-d-un-an-d-epidemie-mondiale-1182688.php

de la Santé François Braun a assuré qu'il suivra l'avis de la HAS.

L'Organisation mondiale de la Santé lève l'alerte maximale sur la pandémie. En mai 2023, elle déclare que le COVID-19 aurait fait au moins 20 millions de morts dans le monde.[5]

---

[5] Source : https://www.sudouest.fr/covid-19-l-oms-leve-l-alerte-maximale-sur-la-pandemie-15045773.php

4

La bioéthique et les textes protecteurs des patients

Introduction

Les démocraties, dont la France, ont instauré un certain nombre de textes (législatifs et réglementaires) protecteurs relatifs aux choix de santé des patients. Leur compréhension est essentielle pour connaître vos droits.

L'information sur l'état de santé, les traitements proposés, les risques, le consentement ou le refus de soins sont des droits qui ont malheureusement volé en éclat au moment du COVID-19.

En les lisant dans le détail et avec attention, réfléchissez et demandez-vous si leurs principes ont été respectés par l'ensemble des mesures prises par le gouvernement.

La bioéthique

Qu'est-ce que la bioéthique ?

La bioéthique est l'étude des problèmes éthiques posés par les avancées en matière de biologie et de médecine. Elle s'intéresse aux questions morales et sociales soulevées par les nouvelles technologies, telles que la génétique, la reproduction assistée, la transplantation d'organes, la recherche sur les animaux ou les personnes en fin de vie.

La bioéthique vise à trouver un équilibre entre les progrès scientifiques et les valeurs morales, en tenant compte des intérêts de tous les acteurs concernés, qu'ils soient humains, animaux ou environnementaux.

Les principales questions éthiques abordées par la bioéthique comprennent :

- Le respect de la vie et de la dignité humaine
- Le droit à l'autodétermination
- La protection des personnes vulnérables
- La justice sociale

- La préservation de l'environnement

La bioéthique est un domaine en constante évolution, car les avancées scientifiques et technologiques posent de nouveaux défis éthiques. Elle est essentielle pour garantir que les progrès scientifiques soient utilisés de manière responsable et bénéfique pour l'humanité.

Voici quelques exemples de questions bioéthiques :

- Est-il éthique de modifier le génome humain ?
- Est-il éthique de créer des embryons humains in vitro pour la recherche ?
- Est-il éthique de faire des tests génétiques sur des personnes sans leur consentement ?
- Est-il éthique de pratiquer l'euthanasie ?
- Est-il éthique de vendre des organes humains ?

Ces questions sont complexes et ne peuvent pas être tranchées de manière simple. La bioéthique est un domaine de réflexion qui nécessite une approche pluridisciplinaire, impliquant des scientifiques, des médecins, des philosophes, des juristes et des représentants de la société civile.

Pour résumer, la bioéthique a été créée pour protéger la dignité de l'être humain et le respect de ses droits fondamentaux.

Le code de déontologie médicale

Créé en 1947, ce code est un ensemble de règles éthiques et professionnelles qui guident la conduite des médecins dans l'exercice de leur profession. Il est régulièrement révisé et mis à jour pour refléter les évolutions dans la pratique médicale et les questions éthiques contemporaines.

Article 3

Le médecin doit, en toutes circonstances, **respecter les principes de moralité, de probité** et de dévouement indispensables à l'exercice de la médecine.

Article 4

Le secret professionnel, institué dans l'intérêt des patients, s'impose à tout médecin dans les conditions établies par la loi.

Article 5

Le médecin ne peut aliéner son indépendance professionnelle sous quelque forme que ce soit.

Article 6

Le médecin doit respecter le droit que possède toute personne de choisir librement son médecin. Il doit lui faciliter l'exercice de ce droit.

Article 7

Le médecin doit écouter, examiner, conseiller ou soigner avec la même conscience toutes les personnes, quelles que soient leur origine, leurs mœurs et leur situation de famille, leur appartenance ou leur non-appartenance à une ethnie, une nation ou une religion déterminée, leur handicap ou leur état de santé, leur réputation ou les sentiments qu'il peut éprouver à leur égard.

Article 8

Dans les limites fixées par la loi et compte tenu des données acquises de la science, **le médecin est libre de ses prescriptions qui seront celles qu'il estime les plus appropriées en la circonstance.**

Article 9

Tout médecin qui se trouve en présence d'un malade ou d'un blessé en péril ou, informé qu'un malade ou un blessé est en péril, doit lui porter assistance ou s'assurer qu'il reçoit les soins nécessaires.

Article 19

La médecine ne doit pas être pratiquée comme un commerce.

Article 35

Le médecin doit à la personne qu'il examine, qu'il soigne ou qu'il conseille, une information loyale, claire et appropriée sur son état, les investigations et les soins qu'il lui propose.

Article 36

Le consentement de la personne examinée ou soignée doit être recherché dans tous les cas. Lorsque le malade, en état d'exprimer sa volonté, refuse les investigations ou le traitement proposés, le médecin doit respecter ce refus après avoir informé le malade de ses conséquences.

Article 37

En toutes circonstances, le médecin doit s'efforcer de soulager les souffrances du malade par des moyens appropriés à son état et l'assister moralement.

Article 38

(…) Le médecin n'a pas le droit de provoquer délibérément la mort.

Article 40

Le médecin doit s'interdire, dans les investigations et interventions qu'il pratique comme dans les thérapeutiques qu'il prescrit, **de faire courir au patient un risque injustifié**.

Article 47

Quelles que soient les circonstances, la continuité des soins aux malades doit être assurée.[6]

★★
★ Code de déontologie médicale des médecins.

Les textes et les lois

Les principaux textes législatifs et réglementaires sont les suivants :

- **La loi du 4 mars 2022** relative aux droits des malades et à la qualité du système de santé, qui garantit le droit du patient à l'information, au consentement et à l'accès aux soins.

- **La loi du 29 juillet 1994** relative au respect du corps humain, qui définit les principes fondamentaux de la bioéthique française, dont le respect de l'autodétermination.

- **Le code de la santé publique**, qui réglemente les pratiques médicales et les soins de santé.

Ces textes garantissent aux patients les droits suivants :

- **Le droit à l'information :** les patients ont le droit d'être informés sur leur état de santé, les traitements proposés et les risques encourus.

---

[6] Source : https://aulnaycap.com/tag/maltraitance-et-persecution-des-non-vaccines/

- **Le droit au consentement** : les patients ont le droit de donner leur consentement libre et éclairé aux soins qui leur sont proposés.
- **Le droit au refus de soins** : les patients ont le droit de refuser les soins qui leur sont proposés, même si ces soins sont considérés comme nécessaires.
- **Le droit à l'accès aux soins** : les patients ont le droit d'accéder aux soins dont ils ont besoin, sans discrimination.

En pratique, ces droits se traduisent par des obligations pour les professionnels de santé. Ces derniers sont tenus de fournir aux patients une information complète et compréhensible sur leur état de santé et les traitements proposés. Ils doivent également obtenir le consentement des patients avant de leur prodiguer des soins.

Le choix de santé est un droit fondamental qui garantit aux patients **la liberté de décider de leur propre santé**. Ces droits sont protégés par la loi en France, afin de garantir que les patients soient traités **avec respect et dignité**.

Voici quelques exemples de situations dans lesquelles les textes qui protègent le choix de santé sont applicables :
- Un patient qui refuse une intervention chirurgicale
- Un patient qui refuse un traitement médicamenteux
- Un patient qui souhaite bénéficier de soins palliatifs
- Une femme qui souhaite avorter
- Un couple qui souhaite recourir à la procréation médicalement assistée

Dans tous ces cas, **les patients ont le droit de faire un choix en accord avec leurs valeurs et leurs convictions**.

Le Code de Nuremberg

Le Code de Nuremberg quant à lui exige que les personnes consentent à un traitement médical **volontairement et non par coercition**, contrairement à ce qu'il s'est passé avec la vaccination COVID-19. Ce code est conçu pour juger les crimes commis par des médecins sur des déportés. Il a constitué le point de départ de la prise de conscience des dangers des progrès de la science avec les dérives qu'elle peut susciter et de la nécessité de l'encadrer par un certain nombre de règles.

Le Code de Nuremberg stipule que **«le consentement volontaire du sujet humain est absolument essentiel. Le Pacte international relatif aux droits civils et politiques a repris cette interdiction contre toute expérimentation involontaire, dans son texte de 1966 qui stipule : nul ne peut être soumis sans son libre consentement à une expérience médicale ou scientifique.»**

En 2005, l'UNESCO a adopté la Déclaration Universelle sur la bioéthique et les droits de l'homme avec un consensus de 193 pays. Elle stipule entre autres que **« le seul intérêt de la science ou de la société ne doit pas prévaloir »** (article 2).[7]

Le serment d'Hippocrate

Texte revu par l'Ordre des médecins en 2012.

« Au moment d'être admis(e) à exercer la médecine, je promets et je jure d'être fidèle aux lois de l'honneur et de la probité. Mon premier souci sera de rétablir, de préserver ou de promouvoir la santé dans tous ses éléments, physiques et mentaux, individuels et sociaux. Je respecterai toutes les personnes, leur autonomie et leur volonté, sans aucune discrimination selon leur état ou leurs convictions. J'interviendrai pour les protéger si elles sont affaiblies, vulnérables ou menacées dans leur intégrité ou leur dignité. Même sous la contrainte, je ne ferai pas usage de mes connaissances contre les lois de l'humanité. J'informerai les patients des décisions envisagées, de leurs raisons et de leurs conséquences. Je ne tromperai jamais leur confiance et n'exploiterai pas le pouvoir hérité des circonstances pour forcer les consciences. Je donnerai mes soins à l'indigent et à quiconque me les demandera. Je ne me laisserai pas influencer par la soif du gain ou la recherche de la gloire. Admis(e) dans l'intimité des personnes, je tairai les secrets qui me seront confiés. Reçu(e) à l'intérieur

---

[7]   Source :   https://docteur.nicoledelepine.fr/vaccins-obligatoires-et-ethique-medicale-quest-devenue-la-reference-au-code-de-nuremberg-dans-la-loi-soumise-au-parlement-en-novembre-2017/

 Serment d'Hippocrate des médecins.

La déclaration de Genève

Également intitulée Serment du médecin qui figure en annexe
du code de déontologie médicale. Cette déclaration a été
adoptée par l'assemblée générale de l'Association médicale
mondiale en 1948, elle a fait l'objet de plusieurs révisions, la
dernière date d'octobre 2017.

professeurs, à mes collègues et à mes étudiants le respect et la reconnaissance qui leur sont dus ; JE PARTAGERAI mes connaissances médicales au bénéfice du patient et pour les progrès des soins de santé ; JE VEILLERAI à ma propre santé, à mon bien-être et au maintien de ma formation afin de prodiguer des soins irréprochables ; JE N'UTILISERAI PAS mes connaissances médicales pour enfreindre les droits humains et les libertés civiques, même sous la contrainte ;

JE FAIS CES PROMESSES sur mon honneur, solennellement, librement. »

Conclusion

Officiellement, la vaccination n'a jamais été obligatoire. Il s'agissait d'un choix personnel et individuel. Mais peut-on parler de choix lorsque cette vaccination était obligatoire pour :

- Accéder à l'hôpital, en EHPAD ou dans une maternité (en tant que visiteur ou patient)
- Travailler et conserver son travail
- Voyager
- Faire du sport, se rendre au restaurant ou dans les lieux culturels
- Vivre sa vie, comme tout le monde

C'était une obligation vaccinale déguisée. Le vaccin ou la mort sociale. Le vaccin ou le travail. Le vaccin ou l'impossibilité de se faire soigner.

C'était de la coercition sous couvert de santé publique au mépris de toutes les lois existantes qui imposent le consentement libre, éclairé et sans contrainte.

La population (et donc vous) a été « nudgée ». Mais à quoi correspond ce terme ?

Il s'agit d'une technique comportementale de masse pour obtenir un consentement par incitation plutôt que par obligation. C'est un « coup de pouce » ou bien une « incitation douce » ou encore une « suggestion indirecte » donnée à un individu, utilisateur ou consommateur, pour modifier son comportement. Le nudge est directement lié à l'économie comportementale.

Pour résumer, tout a été mis en place (messages à travers les médias et le gouvernement, réseaux sociaux, médecins de plateaux télé, organismes de santé...) pour que vous preniez la décision qui a déjà été prise pour vous.

5

Le gouvernement et ses mesures

Introduction

Au début de la campagne de vaccination, le gouvernement français a mis l'accent sur l'efficacité du vaccin pour prévenir les infections symptomatiques et les formes graves de la maladie. Les autorités sanitaires ont également souligné que le vaccin était sûr et bien toléré.

Cependant, au fil du temps, elles ont reconnu que l'efficacité du vaccin pouvait diminuer et qu'il pouvait être moins efficace contre les variants du virus. Elles ont également mis en garde contre le fait que le vaccin ne protégeait pas à 100 % contre la maladie et qu'il était possible de contracter le COVID-19 même après avoir été vacciné.

Les déclarations mensongères du gouvernement sur les vaccins

Olivier Véran, ministre des Solidarités et de la Santé

Juin 2021

> *« Je suis contre le pass sanitaire dans les restos. Non, on n'est pas en train d'installer un système de tri ou de sélection des gens en fonction de leur statut sanitaire ! »*

On sait tous aujourd'hui ce qu'il s'est produit malgré ses déclarations : la population a fait l'objet d'une ségrégation entre les personnes vaccinées et les personnes non-vaccinées.

Juillet 2021 - BFMTV

> *« Le vaccin apporte 95 % de protection des formes graves. Vous réduisez par 12 la contamination des autres. Vous réduisez par 20 le risque de faire une forme grave. On n'a jamais vu un vaccin aussi efficace que celui-ci. Si nous étions tous vaccinés, le virus ne pourrait plus cheminer. »*[8]

---

[8] Source : https://www.vie-publique.fr/discours/280881-olivier-veran-

Cette déclaration reposait sur les résultats de l'essai clinique Discovery, qui avait été mené par Pfizer-BioNTech, et qui montraient que le vaccin était efficace à 95 % pour prévenir les infections symptomatiques par le COVID-19. Cependant, cette efficacité était mesurée sur un groupe de participants relativement jeune et en bonne santé, ce qu'Olivier Véran omettait de préciser dans sa déclaration pourtant basée sur l'essai Discovery. Encore une fois, mensonge ou vérité tronquée pour qu'un maximum de personnes se fasse injecter le vaccin sans se poser de questions.

Juillet 2021 lors d'une conférence de presse

« Parmi les fake news qu'on entend, il y aurait celle qui consiste à dire que le vaccin serait encore en cours d'expérimentation. C'est absolument faux. La phase 3 est terminée depuis des mois, elle est validée. Trois milliards d'injections ont été réalisées sur la planète Terre, les choses se déroulent au mieux, vous pouvez y aller, il n'y a aucune inquiétude à avoir. »

Il s'agissait bien d'un mensonge révélé par le journal Le Monde après que le journal ait contacté le laboratoire Pfizer :

« En affirmant de manière catégorique que la phase 3 des essais des vaccins déployés en France est terminée, Olivier Véran se méprend ». Contacté par Le Monde, le laboratoire Pfizer assure bien que son essai de phase 3 se poursuit.[9]

Cette phase 3 concernait aussi les vaccins des autres laboratoires en juillet 2021 :

- Pfizer/BioNTech : Comirnaty
- Moderna : Spikevax
- AstraZeneca : Vaxzevria
- Johnson & Johnson : Janssen
- Novavax : Nuvaxovid

13072021-extension-du-passe-sanitaire-vaccin-obligatoire

[9] Source : https://www.lemonde.fr/les-decodeurs/article/2021/07/08/covid-19-les-essais-de-phase-3-des-vaccins-sont-ils-termines-depuis-des-mois-comme-l-affirme-olivier-veran_6087580_4355770.html

- Valneva : VLA2001

- Sanofi/GSK : COVID-19 vaccine

Vous avez donc bien servi de cobayes avec les encouragements du gouvernement et les remerciements des laboratoires. Même notre chef de l'État ne voyait pas de problème à l'utilisation des vaccins en phase 3 pour la population générale. Le 12 juillet 2021, lors d'une allocution télévisée, il déclarait :

« Nous devons vacciner à fond. C'est la seule solution pour protéger nos libertés et notre économie ».

La phrase *« on vaccine à fond »* a été reprise par de nombreux médias et personnalités politiques et est devenue un slogan de la campagne de vaccination contre le COVID-19.

Février 2022 lors d'une conférence de presse

« Il y a 20 fois plus de risques d'avoir un enfant prématuré quand on est une femme enceinte non-vaccinée. Il y a 8 fois plus de risques de se retrouver en réanimation. Et il y a 5 fois plus de risques que l'enfant aille en réanimation. »

Sur quoi ou sur quelles études reposent ces chiffres mis en avant par Olivier Véran ?

Jean-Michel Blanquer, ministre de l'Éducation

Juillet 2021 - France Info

« Quand vous êtes vacciné, vous ne risquez pas de contaminer les autres. »

Jean Castex, Premier ministre

Juillet 2021 - TF1

« On a constaté que les personnes qui ont deux doses, jusqu'alors, lorsqu'elles croisaient une personne qui était contaminée, devaient être cas contact et donc s'isoler. Les analyses faites sur ces personnes montrent qu'elles n'ont plus de chances d'attraper la maladie. »

Évolution de la propagande sur le vaccin

En fonction des avancées scientifiques, le discours sur les vaccins COVID a évolué. Normal, me direz-vous. Mais pourquoi nos élites ne se sont-ils pas posé la question de savoir si les laboratoires, fabricants les vaccins, n'avaient pas menti depuis le début sur l'efficacité de leur produit ? Passer d'une immunisation de 95 % à presque rien aurait dû les interroger sur le bien-fondé des résultats avancés par les firmes pharmaceutiques.

Immunise à 95 %, immunise à 75 %, immunise à 50 %, n'immunise pas, mais réduis la transmission. Ne réduis pas la transmission, mais empêche les formes graves. N'empêche pas les formes graves, mais évite les soins intensifs. Vous finirez en soins intensifs, mais vous ne mourrez pas.

D'abord une dose, puis un booster, puis une deuxième dose de rappel…

À aucun moment et quel que soit le taux officiel d'immunité soi-disant conférée par ces injections, la vaccination n'a été remise en cause. JAMAIS.

Définition d'un vaccin

La définition officielle du vaccin est la suivante : *« un vaccin est un médicament qui permet de stimuler le système immunitaire d'une personne pour qu'il puisse combattre une maladie infectieuse »*. Cette définition est donnée par l'Organisation mondiale de la Santé (OMS). Elle est également reprise par l'Agence Nationale de Sécurité du Médicament et des produits de santé (ANSM) en France. Comment peut-on encore l'appeler « vaccin COVID-19 » au vu de sa totale inefficacité sur le virus ? C'est un mensonge.

Encore sur le site du gouvernement en 2023 :

« Pour limiter les formes graves de la COVID-19, arrêter la pandémie et retrouver une vie normale, la vaccination reste la meilleure des options. »[10]

Le rapport accablant du ministère de la Santé

Ce rapport, qui est un retour d'expérience du pilotage de la réponse à l'épidémie de COVID-19 par le ministère des Solidarités et de la Santé et intitulé *« Retour d'expérience du pilotage de la réponse à l'épidémie de COVID-19 par le*

---

[10] Source : https://www.gouvernement.fr/actualite/vaccination-il-y-a-des-chiffres-qui-piquent-bien-plus-qu-une-aiguille

ministère des Solidarités et de la Santé », a été occulté pendant de nombreux mois. Ce document pourtant public n'a pas été divulgué. C'est grâce à un recours déposé par le journal Le Monde auprès du tribunal administratif de Paris, au titre de la transparence des données publiques, qu'il a pu être publié.

Daté de novembre 2020, le journal Le Monde n'obtiendra sa publication qu'en septembre 2021. L'audit de l'Inspection générale des affaires sociales sur la gestion de la première vague est accablant pour le ministère de la Santé. Il détaille et confirme l'impréparation des services, leur désorganisation et leur guerre intestine au détriment de la santé des Français.

 Rapport du ministère de la Santé.

Vous n'êtes pas vacciné ? Votre médecin vous contactera pour vous inciter à le faire.

Juillet 2021

Afin que la vaccination touche un maximum de personnes, le gouvernement envisageait de demander aux médecins traitants de contacter leurs patients non-vaccinés en leur transmettant la liste de ces derniers. La CNIL aurait dû s'y opposer (traitement informatique du statut vaccinal, atteinte au secret médical…), mais l'a autorisé au vu du contexte sanitaire exceptionnel. Elle y ajouta cependant deux conditions : le médecin devait en faire la demande et il devait apporter plusieurs garanties pour le respect de la vie privée (destruction de la liste après la campagne de sensibilisation).

 CNIL – Délibération du 1er juillet 2021.

Agnès Buzyn

Qui est Agnès Buzyn ?

Agnès Buzyn est une femme politique française, médecin de formation et a occupé plusieurs fonctions au sein de l'administration de la santé, avant de se lancer en politique en 2017.

Elle exerce d'abord comme médecin chercheur en cancérologie, notamment à l'Institut Gustave-Roussy. En 2001, elle est nommée directrice de l'Institut national du cancer (INCa). En 2008, Agnès Buzyn est nommée directrice générale de l'Agence nationale de sécurité du médicament et des produits de santé (ANSM). Elle est responsable de la sécurité des médicaments et des produits de santé en France. Elle occupe ce poste pendant cinq ans.

En 2017, Agnès Buzyn rejoint La République en marche (LREM), est investie candidate aux élections législatives dans la 1re circonscription des Hauts-de-Seine. Elle est élue députée avec 63,3 % des voix.

Le 17 mai 2017, elle est nommée **ministre des Solidarités et de la Santé du gouvernement d'Édouard Philippe**. Elle est chargée de la mise en œuvre de la réforme de l'assurance maladie et de la lutte contre les déserts médicaux.

En pleine pandémie de COVID-19, Agnès Buzyn quitte le gouvernement le 17 mars 2020. Elle est remplacée par Olivier Véran. Elle se présente aux élections municipales de 2020 à Paris en tant que tête de liste LREM. Elle arrive en troisième position du second tour avec 13 % des voix.

Depuis 2021, Agnès Buzyn est conseillère spéciale à la Cour des comptes. Elle est également membre du Comité d'éthique de la recherche en biologie humaine.

Pourquoi parler d'Agnès Buzyn et quelles sont les polémiques ?

Ses décisions surprenantes durant l'épidémie

- Elle a été accusée d'avoir sous-estimé la gravité de l'épidémie. En janvier 2020, elle a déclaré que le COVID-19 était *« une simple grippe »*.

- Elle a été critiquée pour avoir été trop lente à réagir face à l'épidémie. Elle a été accusée d'avoir tardé à fermer les frontières et à prendre des mesures de restriction des déplacements. L'une de ces premières mesures pour lutter contre le virus a été de faire apposer des affichettes dans les aéroports.

- Elle a été tancée pour avoir mal géré la pénurie de masques. La France a été l'un des pays les plus touchés par la pénurie de masques au début de la pandémie. Elle a aussi tardé à commander de nouveaux masques.

• Elle prend la décision de quitter le gouvernement (démission en février 2020) pour briguer la Mairie de Paris, au début de l'arrivée de l'épidémie.

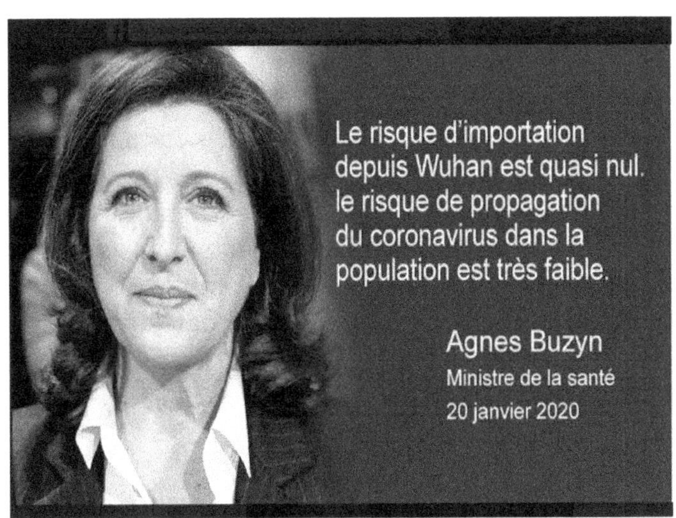

Ses déclarations polémiques

Ses propos polémiques, tenus dans une interview accordée au journal *Le Monde* en mars 2020, ont à l'époque fait l'effet d'une bombe :

« Quand j'ai quitté le ministère, je pleurais parce que je savais que la vague du tsunami était devant nous. Je suis partie en sachant que les élections n'auraient pas lieu. »

« Depuis le début (de la campagne), je ne pensais qu'à une seule chose : au coronavirus. On aurait dû tout arrêter, c'était une mascarade. La dernière semaine a été un cauchemar. J'avais peur à chaque meeting. J'ai vécu cette campagne de manière dissociée. »

« Je pense que j'ai vu la première ce qu'il se passait en Chine : le 20 décembre, un blog anglophone détaillait des pneumopathies étranges. J'ai alerté le directeur général de la santé. Le 11 janvier, j'ai envoyé un

message au Président sur la situation. Le 30 janvier, j'ai averti Édouard Philippe que les élections ne pourraient sans doute pas se tenir. Je rongeais mon frein. »

« Le risque de propagation du coronavirus dans la population est très faible ». Sur cette déclaration polémique, elle répond : « Bien sûr, je n'aurais pas dû prononcer ces mots. Mais avant de partir du ministère, j'avais tout préparé, malgré une inertie… » [11]

Possible conflit d'intérêts avec son mari

Le mari d'Agnès Buzyn, Yves Lévy, a été nommé directeur général de l'Institut National de la Santé et de la Recherche Médicale (INSERM) en 2014. Cette nomination a suscité des controverses, car Agnès Buzyn était alors ministre de la Santé. Des accusations de conflits d'intérêts ont été portées contre le couple. Yves Lévy a démissionné de son poste de directeur général de l'INSERM en mai 2020.

« Agnès Buzyn, titulaire du portefeuille de la Santé, a certifié au moment de sa nomination qu'elle se déporterait de tout dossier concernant l'Institut national et de la recherche médicale (INSERM), dirigé par son conjoint, Yves Lévy.

Tout est parti d'une décision interministérielle en apparence anodine. Le 2 octobre dernier, Agnès Buzyn et Frédérique Vidal, la ministre de l'Enseignement supérieur, ont annoncé le report d'un appel à projets pour créer de nouveaux instituts hospitalo-universitaires (IHU), en précisant que ceux-ci devront « proposer une gouvernance sans fondation support ». Or, cette demande administrative obscure paraît s'inscrire dans une lutte d'influence à laquelle l'INSERM est partie prenante. Les deux ministres ont tout simplement fait droit à une demande… d'Yves Lévy, mari d'une des deux signataires. » [12] [13]

---

[11] Source : https://www.lemonde.fr/politique/article/2020/03/17/entre-campagne-municipale-et-crise-du-coronavirus-le-chemin-de-croix-d-agnes-buzyn_6033395_823448.html

[12] Source : https://www.marianne.net/politique/conflit-d-interets-cette-decision-de-la-ministre-agnes-buzyn-qui-bien-fait-les-affaires-de

Des vaccins, toujours plus de vaccins

Fin juillet 2017, elle annonce envisager de porter de trois à onze le nombre de vaccins obligatoires pour les enfants (ajoutant aux vaccins contre la poliomyélite, le tétanos et la diphtérie, ceux contre la coqueluche, la rougeole, les oreillons, la rubéole, l'hépatite B, l'infection par la bactérie *Haemophilus influenzae*, le pneumocoque et le méningocoque C).

Ces **onze vaccins** deviennent obligatoires à partir du 1er janvier 2018.

Changement de classe pour l'hydroxychloroquine

Le 13 janvier 2020, elle fait classer l'hydroxychloroquine sur la liste II des *« substances vénéneuses »*, rendant le médicament prescriptible uniquement sur ordonnance, et non plus en vente libre.[14]

Une mise en examen qui fait pschitt

Après avoir été mise en examen en septembre 2021 pour *« mise en danger de la vie d'autrui »* à l'issue de son audition par des magistrats de la Cour de justice de la République (CJR), qui enquête sur la gestion de l'épidémie de COVID-19, l'assemblée plénière de la Cour de cassation annule sa mise en examen par la CJR le 20 janvier 2023.

Agnès Buzyn se voit attribuer automatiquement le statut de *« témoin assisté »*, plus favorable, pour *« abstention volontaire de combattre un sinistre »*.

Quelques récompenses pour son parcours exceptionnel

Après sa gestion de l'épidémie et pour la récompenser en 2021, elle sera nommée directeur général pour les affaires multilatérales à l'OMS à Genève. En août 2021, elle devient directrice exécutive de l'Académie de l'Organisation mondiale de la Santé. À partir du 1er septembre 2022, Agnès Buzyn sera nommée conseillère maître à la Cour des comptes.

---

[13] Source : https://atlantico.fr/article/pepite/l-embarrassant-conflit-d-interets-qui-toucherait-la-ministre-agnes-buzyn
[14] Source : https://fr.wikipedia.org/wiki/Politique_vaccinale_de_la_France

Mais les récompenses ne s'arrêtent pas là : après une démission et une mise en examen, elle décroche la Légion d'honneur : le 31 décembre 2021, elle est nommée chevalier de la Légion d'honneur.

6

L'arnaque des masques

Introduction

Dans le domaine délicat de la gestion des masques, le gouvernement a malheureusement manqué à sa mission d'anticipation et de planification, révélant ainsi une incompétence évidente et une série de tromperies visant à dissimuler les nombreuses pénuries. La décision stratégique de supprimer les stocks de masques jugés inutiles s'est avérée être une erreur coûteuse, entretenue pendant de nombreuses années dans le seul but de réaliser des économies.

Il est impératif de souligner que les autorités ont initialement qualifié les masques d'inutiles, puis les ont interdits à l'achat, avant de les rendre obligatoires en avançant l'argument qu'ils réduisaient les risques de transmission du virus. Ces changements d'orientation ont semé la confusion et révélé un manque criant de cohérence dans la communication gouvernementale.

Au-delà de leur prétendue inutilité pour le grand public, les masques ont également été instrumentalisés comme un moyen de soumission de la population, engendrant du stress, de l'anxiété et un mal-être généralisé. Cette gestion chaotique et contradictoire a amplifié les difficultés déjà présentes dans la réponse du gouvernement face à la crise sanitaire.

Rappel sur la composition des masques chirurgicaux

Les masques sont composés de polypropylène (hydrophobe), avec un système de fabrication non tissé appelé le meltblown. Il s'agit de fondre le polymère à température basse pour le propulser à travers des buses à très grande pression pour obtenir des fils de quelques microns. Les fibres obtenues sont combinées dans un processus d'enchevêtrement et de collage à haute vitesse. Les masques sont composés en majorité de trois couches : externe, intermédiaire et interne. Le polypropylène est particuliérement stable, il lui faut plusieurs centaines d'années avant de se dégrader. L'utilisation des masques chirurgicaux étendue à l'ensemble de la population est et sera également un véritable désastre en matière de pollution environnementale.

Gestion des stocks au fil des années

2010

Arrêt des lignes de production françaises des masques suite à la décision de ne pas renouveler les stocks.

Fin janvier 2020

Les particuliers se sont rués en pharmacie pour acheter des masques chirurgicaux et FFP2.

Février 2020

- Olivier Véran avait annoncé le 23 février la commande de dizaines de millions de ces masques. Une réunion a eu lieu avec plusieurs fabricants qui ont répondu à l'appel d'offres, mais leur disponibilité n'est annoncée que pour trois ou quatre semaines plus tard.

- Emmanuel Macron a déclaré la réquisition de *« tous les stocks et la production de masques de protection »* ajoutant : *« nous les distribuerons aux professionnels de santé et aux Français atteints par le coronavirus. »*

- Commande de masques FFP2 par l'État. Un des plus gros producteurs français est largement occupé par la fabrication de masques pour le NHS (National Health Service) britannique, qui a passé commande avant les autorités françaises.

Les déclarations politiques

Agnès Buzyn, janvier 2020

« Nous avons des dizaines de millions de masques en stock en cas d'épidémie, ce sont des choses qui sont d'ores et déjà programmées. Si un jour nous devions proposer à telle ou telle population ou personnes à risque de porter des masques, les autorités sanitaires distribueraient ces masques aux personnes qui en auront besoin. »

Face aux micros et aux caméras, Agnès Buzyn, qui est encore ministre des Solidarités et de la Santé, se veut rassurante :

4 mars 2020

Le président de la République, Emmanuel Macron, annonce que l'État réquisitionne *« tous les stocks et la production de masques de protection »* pour les distribuer aux soignants et aux personnes atteintes du coronavirus.

Olivier Véran, ministre de la Santé, sur France Inter

Mars 2020

« Il reste 110 millions de masques (dans les stocks de l'État). »

Alors qu'il y en avait plus d'un milliard dix ans plus tôt.

« Nous avons assez de masques aujourd'hui pour permettre aux soignants d'être armés face à la maladie et de soigner les malades… Mais en fonction de la durée de l'épidémie, nous ne savons pas si nous en aurons suffisamment à terme ».

Le personnel médical découvre alors que la France ne dispose pas du stock nécessaire de masques pour faire face à l'épidémie.

Déclaration du porte-parole du Syndicat national des professionnels infirmiers (SNPI), Thierry Amouroux :

« Pour nous, c'est un véritable scandale d'État. C'est du même ordre que le scandale du sang contaminé. Des centaines de milliers de personnes vont être contaminées, d'autres vont mourir faute de cette impréparation du gouvernement et des mauvaises décisions qui ont été prises. Le principe de base, c'est d'avoir en stock des masques FFP2. Ces masques, tout comme les masques chirurgicaux, auraient dû être commandés le plus tôt possible. Gouverner, c'est prévoir. Quand la crise sera finie, nous espérons que certains responsables qui ont été incapables d'organiser la défense sanitaire du pays auront à répondre de leurs actes devant la justice. »

Déclaration du président du syndicat des biologistes (SDB), François Blanchecotte :

« C'est ahurissant, on ne pensait pas que les stocks de l'État étaient si bas. Nous n'avons pas assez de masques

pour travailler correctement. Certains d'entre nous avaient stocké des masques du temps du H1N1, mais ils étaient périmés. Et cela ne concerne pas uniquement les masques : un dépistage de masse en France n'est guère envisageable, nous n'en avons pas les moyens en termes de matériels et de réactifs nécessaires pour réaliser ces tests. » [15]

Emmanuel Macron décide alors de relancer la production française de masques : *« produire plus sur le sol national pour réduire notre dépendance et donc nous équiper dans la durée »*, mais rapidement, cet élan tourne au fiasco pour les entreprises qui se sont lancées dans l'aventure. [16]

Sibeth Ndiaye, secrétaire d'État auprès du Premier ministre et porte-parole du gouvernement

25 mars 2020

« Le président de la République n'est pas muni d'un masque, tout simplement parce qu'il n'y a pas besoin d'un masque quand on respecte la distance de protection vis-à-vis des autres. »

Le soir même, Emmanuel Macron en visite à l'hôpital de campagne de Mulhouse portait un masque FFP2.

Une autre déclaration met en avant leur impréparation ; sur BFMTV, Sibeth Ndiaye déclarait :

« Vous savez quoi, moi je ne sais pas utiliser un masque. Je pourrais dire : je suis ministre, je mets un masque. Mais en fait, je ne sais pas l'utiliser. Ce sont des gestes techniques, précis sinon on se gratte le nez sous le masque et on a du virus sur les mains. »

Pour résumer, les Français sont trop débiles pour savoir comment porter un masque.

---

[15] Source : https://www.radiofrance.fr/franceculture/penurie-de-masques-les-raisons-d-un-scandale-d-etat-1279448#Echobox=1584942550
[16] Source :
https://www.francetvinfo.fr/sante/maladie/coronavirus/production-de-masques-un-an-apres-les-promesses-d-emmanuel-macron-ou-en-est-la-filiere-francaise_4379431.html

Il déclarait alors :

« L'usage du masque en population générale n'est pas utile. »

Dix jours plus tard, il mettait en place le premier confinement.

Pour parvenir à juguler le manque de masques, une autre brillante idée a émergé dans l'esprit de nos décideurs : demander aux Français de fabriquer eux-mêmes des masques en tissu. [17]

L'interdiction de vendre des masques

Le 3 mars 2020, le gouvernement français a pris un décret interdisant la vente de masques chirurgicaux et FFP2 au grand public. Cette interdiction a été justifiée par la nécessité de préserver les stocks de masques pour les professionnels de santé et les personnes les plus à risque. Le gouvernement a finalement décidé de lever l'interdiction le 23 mars 2020. Encore une mesure qui n'avait ni queue ni tête.

---

[17] Source : https://www.lemonde.fr/planete/article/2020/05/05/comment-fabriquer-son-masque-en-tissu-maison-patrons-et-usages_6038741_3244.html

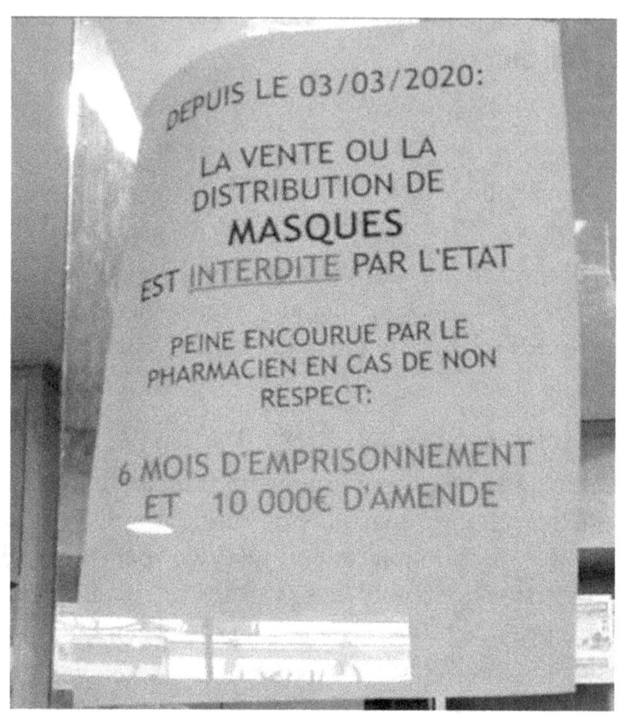

Les masques en population générale ne servent à rien et sont déclarés comme dangereux par de nombreux scientifiques

Déclaration de l'OMS en mars 2020

« Si vous ne présentez aucun symptôme respiratoire, tel que fièvre, toux ou écoulement nasal, vous n'avez pas besoin de porter de masque médical. Lorsqu'ils sont utilisés seuls, les masques peuvent vous donner une fausse impression de protection et peuvent même être une source d'infection lorsqu'ils ne sont pas utilisés correctement. »

 Déclaration (vidéo) de l'OMS de mars 2020.

• Une neurologue allemande, le Docteur Margarite Griesz-Brisson, met en garde contre le port du masque qui provoquerait une privation d'oxygène. [18]

---

[18] Source : https://perma.cc/CCM9-8H68?type=image

- Le masque est inefficace et même néfaste, indiquent 167 études et articles scientifiques. [19]

- Quatre ONG demandaient l'interdiction de masques contenant du graphène, potentiellement toxique lorsqu'il est inhalé. [20]

La revue *Cochrane*

Considérée comme l'un des standards les plus élevés en matière d'évaluation, elle indique qu'il n'existe aucune certitude sur une potentielle efficacité du port du masque dans le cadre d'une épidémie de virus respiratoire. [21]

D'autres éléments de réponse à l'inutilité du masque en population générale

Aucune preuve solide dans la littérature médicale n'indique que le port du masque empêcherait la transmission des virus et des bactéries. Il s'agit, notamment dans les blocs opératoires, d'une protection contre les projections de liquide physiologiques. [22] [23]

Selon le site Jamanetwork (Association Médicale Américaine), les masques faciaux ne doivent être utilisés que par les personnes qui présentent des symptômes d'infection respiratoire tels que la toux, les éternuements ou de la fièvre. [24]

Anthony Fauci, directeur du NIH déclarait le 5 février 2020

« Les masques sont vraiment destinés aux personnes infectées pour les empêcher de propager l'infection à des personnes non infectées plutôt que de protéger les personnes non infectées contre l'infection. Le masque typique que vous achetez dans une pharmacie n'est pas vraiment efficace pour empêcher un virus, qui est suffisamment petit pour traverser le matériau. »

---

[19] Source : https://www.covidhub.ch/plus-de-150-etudes-comparatives-et-articles-montrent-linefficacite-et-les-effets-nefastes-du-masque/

[20] Source : https://www.francesoir.fr/societe-sante/faut-il-interdire-les-masques-contenant-du-graphene

[21] Source : https://www.cochrane.org/news/statement-physical-interventions-interrupt-or-reduce-spread-respiratory-viruses-review

[22] Source : https://odysee.com/@Covid-non-censure:b/Uncensored_2.4_HD:c

[23] Source : https://www.aimsib.org/

[24] Source : https://jamanetwork.com/journals/jama/fullarticle/2762694

Une catastrophe à tous les niveaux pour les enfants

Excellent article de Myriam Perrozet qui dénonce les effets délétères du masque sur les enfants : « Le masque à l'école a-t-il des conséquences sur la santé émotionnelle, psychologique, cognitive...? » du site "le cerveau de l'enfant" de Myriam Perrozet[25]

Lettre ouverte du 10 novembre 2020 (supprimée depuis)

Adressée à Monsieur Jean Castex, à Monsieur Véran et à Monsieur Blanquer, elle relate les effets délétères du port du masque pour les enfants dès 6 ans.

Cette lettre a été signée par plus de 150 professionnels français.

 Lettre ouverte du 10 novembre 2020.

Le saviez-vous ?

- En Suède, le port du masque n'a jamais été imposé.
- Sur les boîtes de masques, avant l'arrivée du COVID, une indication aurait dû nous alerter sur leur inefficacité pour lutter contre le COVID-19.

---

[25] Source : https://www.lecerveaudelenfant.com/post/le-masque-%25C3%25A0-l-%25C3%25A9cole-a-t-il-des-cons%25C3%25A9quences-sur-la-sant%25C3%25A9-%25C3%25A9motionnelle-psychologique-cognitive

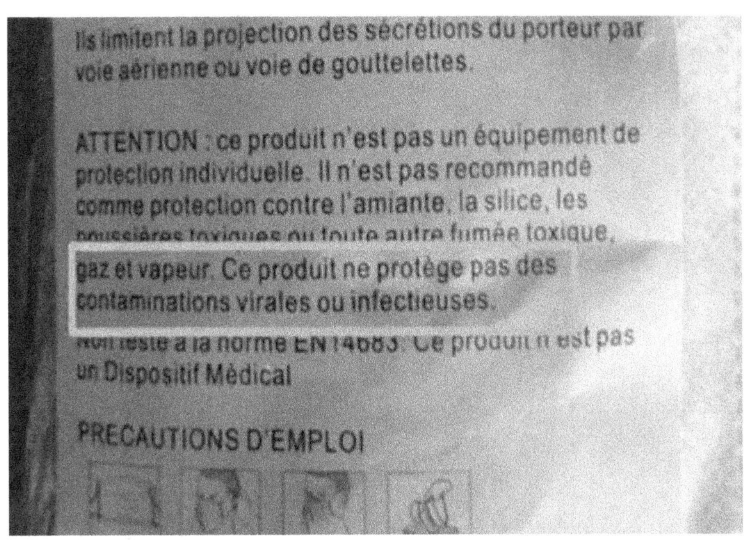

Officiellement, il nous a été dit qu'ils protégeaient contre la projection de gouttelettes émises par le porteur du masque. Ces masques dits grand public filtrent au minimum 70 % des particules de 3 microns. Sauf que le virus du COVID-19 mesure en moyenne 0,125 micron. Donc, ils diminuent la projection de gouttelettes, certes, mais pas le virus.

- Certains ont adapté l'obligation de porter un masque…

Pour aller plus loin :

Livre *COVID-19, le grand cauchemar*, de Liutwin.

 Livre *COVID-19, le grand cauchemar*.

Les établissements scolaires

Introduction

Une autre catégorie de population a été touchée par les mesures sanitaires strictes avec des dégâts psychologiques à long terme catastrophique : les enfants et les adolescents.

Dès le début, plusieurs personnes se sont élevées contre ces mesures qui n'avaient aucun sens, mais qui se sont imposées malgré tout dans les écoles, collèges et lycées.

De la maltraitance institutionnalisée dénoncée

Marie-Estelle Dupont, psychologue clinicienne et psychothérapeute

Sur Cnews, le 16/09/2021, et malgré la véhémence des promasques, Mme Dupont martèle :

« Depuis le début de la crise, les services de pédopsychiatrie sont submergés par les appels… les ados s'effondrent, la rentrée est catastrophique, il y a des étudiants dans des amphis bondés qui tombent dans les pommes à cause du masque pendant des cours magistraux qui durent trois heures… Qu'on foute la paix aux ados et aux enfants, qu'on leur enlève le masque. »

Interview dans Le Figaro le 12/01/2022

« Le chaos dans les familles, la maltraitance instaurée par cette obsession délirante du virus au détriment de la santé physique et mentale de toutes les classes d'âge, tout cela ne semble pas avoir d'importance. Seul le risque de désorganisation de l'école et de mouvement social les fait réagir.

Nous avons oublié nos devoirs envers les mineurs : veiller à leur santé et leurs apprentissages. Ce chaos scolaire a dégradé les deux. Une société qui désorganise l'école pour une maladie qui ne touche pas gravement les enfants est une société malade. La grippe et la bronchiolite ne nous ont jamais fait fermer de classe, un peu de tenue tout de même. On enseigne aux enfants qu'au moindre risque on doit se cloîtrer chez soi.

L'école censée être un lieu d'apprentissage et d'interactions sociales ne doit pas se transformer en lieu de peur et de panique pour les enfants.

Le masque pour les enfants est d'une rare violence. C'est une maltraitance physique et psychique, avec des malaises quand les élèves le gardent pour l'escalade en milieu fermé ou pendant le judo à 7 ans. L'OMS l'a rappelé. Et j'ai expliqué à de nombreuses reprises tous les éléments pédiatriques, dentaires, psychologiques, ophtalmologiques, cognitifs et émotionnels qui montrent, chiffres à l'appui, les dégâts causés par le masque. Les études sont nombreuses et les difficultés de concentration sont majeures, ce qui rajoute du travail aux enseignants. Dès le plus jeune âge, on observe des retards de parole en maternelle liés au port du masque chez les adultes.

Les chiffres parlent d'eux-mêmes : les enfants sont absents des services liés au COVID-19, mais les consultations psy et les hospitalisations en pédopsychiatrie ont explosé. (25 % des hospitalisations en pédiatrie sont aujourd'hui en pédopsychiatrie, les tentatives de suicide chez les moins de 15 ans ont considérablement augmenté, certains services de pédopsychiatrie ont vu les admissions multipliées par trois ou quatre l'année dernière.) » [26]

Marie-Estelle Dupont est auteure de plusieurs livres, dont :

Être parent en temps de crise, un bilan inédit des impacts psychique, psychologique et affectif des années COVID observés sur les enfants et les familles.

Collectif des mamans louves

Ce collectif créé à la rentrée scolaire 2021 regroupe des mères réunies autour du respect de l'autorité parentale pendant la crise COVID ainsi que la **défense et la protection des enfants**.

Depuis le début, ce collectif manifeste pour dénoncer les décisions violentes de l'État à l'égard des enfants sous prétexte sanitaire qui « portent atteinte à la santé psychique et physique, à l'éducation, aux valeurs essentielles que nous devons inculquer à nos enfants. »

Ce collectif demandait notamment un débat public avec Emmanuel Macron.

- Interview vidéo sur Sudradio :
  https://www.dailymotion.com/video/x85a9ud
- Site de l'association : https://mamanslouves.com/

Conclusion

Peu de voix se sont élevées pour dénoncer la maltraitance infligée aux enfants pendant la crise sanitaire. Malgré quelques lanceurs d'alerte, des règles sanitaires drastiques ont été

---

[26] Source : https://www.lefigaro.fr/vox/societe/on-enseigne-aux-enfants-qu-au-moindre-risque-il-faut-se-cloitrer-chez-soi-20220112

imposées aux enfants de façon brutale, sans prendre en compte les conséquences à court et moyen terme sur leur développement psychologique et les risques de troubles psychiques.

La soumission et l'imposition de la peur devaient aussi toucher les enfants.

Mais pourquoi ? Peut-être pour les formater dès le plus jeune âge, pour leur faire accepter l'inacceptable ou pour qu'ils intègrent naturellement dans leur parcours de vie des mesures sanitaires, ce qui aura un impact d'acceptation pour les prochaines pandémies lorsqu'ils seront adultes.

7

Les mesures absurdes

Introduction

De nombreuses mesures ont été prises par le gouvernement pour endiguer l'épidémie. Toujours sous des prétextes sanitaires, médicaux ou autres, nous avons eu le droit à une série de mesures plus incohérentes les unes que les autres. Mais sur quelles bases scientifiques ces décisions ont-elles été prises ? On ne le saura jamais.

Ci-après, un florilège de ce qui nous a été imposé sans aucune rationalité.

Boire son café, oui, mais assis

3 janvier 2022

Annoncé par Jean Castex :

« La consommation dans les bars et cafés ne pourra plus se faire debout, mais seulement de manière assise… pour une durée de trois semaines. »

En sommes, le gouvernement a dû supposer (après consultation du Conseil Scientifique certainement…) que le virus, doté d'une tête chercheuse, ciblait uniquement les personnes debout.

Prenez le train, allez au cinéma, mais ne buvez pas et ne mangez pas

De plus, on ne pouvait plus boire ou manger dans les lieux réunissant une foule de personnes, c'est-à-dire dans les cinémas, théâtres, les équipements sportifs comme les stades, et dans les transports en commun, même sur les trajets longue distance, comme dans les TGV. [27]

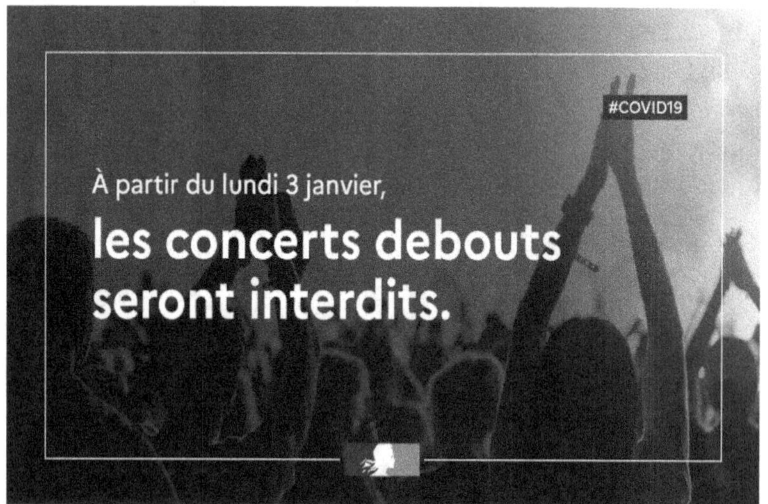

---

[27] Source : https://www.leparisien.fr/societe/sante/covid-19-il-sera-interdit-de-manger-et-boire-dans-les-trains-cinemas-et-debout-au-cafe-27-12-2021-AJ77QPVTC5EEVLLWIUBPB57LCI.php

56

Déclinez votre identité pour manger

Des registres ont été mis en place à l'entrée des restaurants. Il était obligatoire d'y noter son nom, prénom et numéro de téléphone afin d'être contacté en cas de découverte d'un cas positif qui aurait été présent dans le restaurant en même temps que vous.

Pas plus de 6 à table

Interdiction d'être plus de 6 à table, notamment pour les fêtes de fin d'années, avec une incitation à la délation de ses voisins.

Les plages dynamiques

16 mai 2020

Après avoir fermé l'accès aux plages, elles ont de nouveau été ouvertes, mais elles ne seront seulement que des « plages dynamiques ».

Édouard Philippe, Premier ministre présentant son plan de déconfinement :

« De nombreuses plages ont rouvert ce samedi 16 mai sur le littoral méditerranéen sur le concept « dynamique ». Sont autorisés les activités nautiques, sportives individuelles, comme la marche ou la baignade, mais sans stationnement. »

« Par mesure de précaution, les plages resteront inaccessibles au public au moins jusqu'au 1er juin. »

Attention aux malheureux qui osaient s'assoir et n'étaient pas
« dynamiques ». L'amende était de 135 € et des consignes de
fermeté avaient été données aux forces de l'ordre. [28]

---

[28] Source : https://www.midilibre.fr/2020/05/16/deconfinement-une-plage-
dynamique-cest-quoi,8890285.php

58

Les auto-attestations

Vous souvenez-vous des auto-attestations ? Vous deviez remplir et signer vous-même un papier pour justifier une sortie ou un déplacement dérogatoire.

ATTESTATION DE DÉPLACEMENT DÉROGATOIRE

En application du décret n°2020-1310 du 29 octobre 2020 prescrivant les mesures générales nécessaires pour faire face à l'épidémie de covid-19 dans le cadre de l'état d'urgence sanitaire

Je soussigné(e),

Mme/M. :

Né(e) le :   , à :

Demeurant :

certifie que mon déplacement est lié au motif suivant (cocher la case) autorisé par le décret n°2020-1310 du 29 octobre 2020 prescrivant les mesures générales nécessaires pour faire face à l'épidémie de covid-19 dans le cadre de l'état d'urgence sanitaire :

Note : les personnes souhaitant bénéficier de l'une de ces exceptions doivent se munir s'il y a lieu, lors de leurs déplacements hors de leur domicile, d'un document leur permettant de justifier que le déplacement considéré entre dans le champ de l'une de ces exceptions.

☐ 1. Déplacements entre le domicile et le lieu d'exercice de l'activité professionnelle ou un établissement d'enseignement ou de formation ; déplacements professionnels ne pouvant être différés ; déplacements pour un concours ou un examen.

Note : à utiliser par les travailleurs non-salariés, lorsqu'ils ne peuvent disposer d'un justificatif de déplacement établi par leur employeur.

☐ 2. Déplacements pour se rendre dans un établissement culturel autorisé ou un lieu de culte ; déplacements pour effectuer des achats de biens, pour des services dont la fourniture est autorisée, pour les retraits de commandes et les livraisons à domicile.

☐ 3. Consultations, examens et soins ne pouvant être assurés à distance et l'achat de médicaments.

☐ 4. Déplacements pour motif familial impérieux, pour l'assistance aux personnes vulnérables et précaires ou la garde d'enfants.

☐ 5. Déplacements des personnes en situation de handicap et leur accompagnant.

☐ 6. Déplacements en plein air ou vers un lieu de plein air, sans changement du lieu de résidence, dans la limite de trois heures quotidiennes et dans un rayon maximal de vingt kilomètres autour du domicile, liés soit à l'activité physique ou aux loisirs individuels, à l'exclusion de toute pratique sportive collective et de toute proximité avec d'autres personnes, soit à la promenade avec les seules personnes regroupées dans un même domicile, soit aux besoins des animaux de compagnie.

☐ 7. Convocations judiciaires ou administratives et déplacements pour se rendre dans un service public.

☐ 8. Participation à des missions d'intérêt général sur demande de l'autorité administrative.

☐ 9. Déplacements pour chercher les enfants à l'école et à l'occasion de leurs activités périscolaires.

Fait à :

Le :   , à :

(Date et heure de début de sortie à mentionner obligatoirement)

Signature :

Pour lutter contre l'épidémie, téléchargez

#Tous AntiCovid

Magasins ouverts, mais rayons slips, chaussettes, jouets et livres fermés.

Octobre 2020

Le Premier ministre Jean Castex a annoncé l'interdiction de la vente dans les grandes surfaces des produits nommés *« non essentiels »*.

Voici la liste de ces produits (concernait les surfaces commerciales de plus de 400 m2) :

- rayons culturels (CD, DVD, jeux vidéos…)
- rayons jouets pour enfants (à 2 mois de Noël)
- rayons textiles
- rayons bijouterie, décoration, arts de la table, électroménager

Mais resteront ouverts les rayons essentiels suivants :

- alimentation
- boissons
- presse
- produits pour bébés
- jardinerie
- nourriture pour animaux
- maquillage, parfumerie, produits d'hygiènes
- papeterie, informatique [29]

Et devinez ce qu'il s'est produit au moment de l'annonce de la fermeture des rayons, qui, je vous le rappelle, était destiné à éviter les contaminations :

« Confinement : la ruée des consommateurs sur les rayons non essentiels des supermarchés avant leur fermeture. » [30]

---

[29] Source : https://www.ouest-france.fr/sante/virus/coronavirus/confinement/confinement-quels-sont-les-rayons-non-essentiels-qui-vont-fermer-dans-les-grandes-surfaces-7036844

[30] Source : https://france3-regions.francetvinfo.fr/occitanie/confinement-ruee-consommateurs-produits-non-essentiels-supermarches-leur-interdiction-1890578.html

Ce qui a dans un premier temps engendré une rupture de papier toilette au niveau national.

Restez chez vous et priez pour ne pas mourir

En cas de symptômes, vous deviez prendre du Doliprane et prier pour que la situation ne s'aggrave pas.

Des affichettes à l'aéroport de Roissy

Janvier 2020

Agnès Buzyn, alors ministre de la Santé, donne une conférence de presse. Organisée au ministère de la Santé pour faire un point d'étape sur ce 2019 – nCoV, Mme Buzyn déclare :

« Le risque d'introduction en France est faible, mais il ne peut être exclu. »

Elle décide de faire placarder dans les aéroports français des affiches… pour se protéger du virus et protéger les autres.

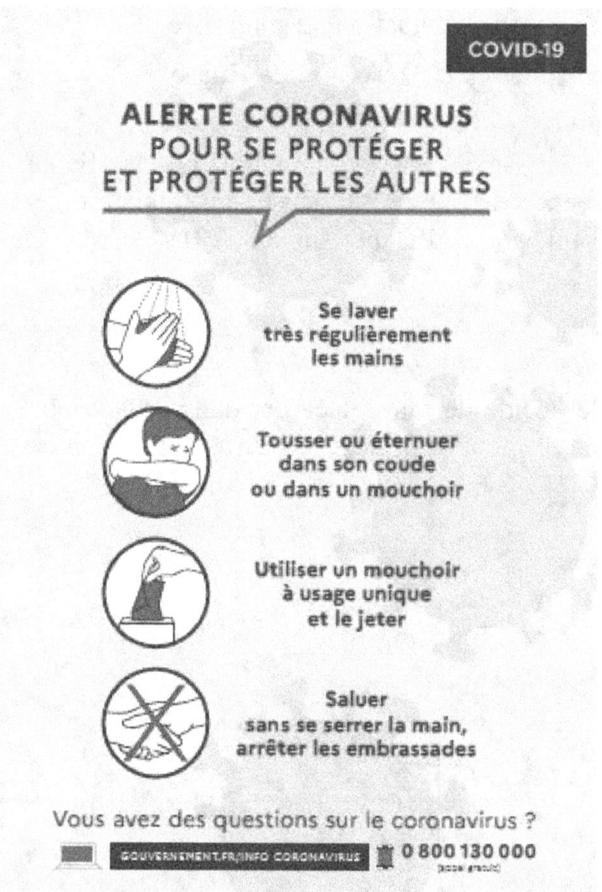

Le COVID n'atteint pas le foot

Février 2020

Environ 3000 supporters italiens se sont déplacés à Lyon pour assister au match de la Ligue des champions entre l'équipe de l'Olympique Lyonnais et la Juventus (8e de finale aller de la plus prestigieuse des compétitions de clubs au Groupama Stadium de Lyon).

Devant la polémique suscitée par la venue de ces Italiens alors que l'Italie était à ce moment-là le pays le plus touché par le COVID-19, le ministre de la Santé français Olivier Véran a lui estimé que rien ne justifiait une fermeture des frontières.

Aucune mesure n'a été prise pendant le match en France, mais il était néanmoins prévu que la Juventus jouerait à huis clos son prochain match de Championnat d'Italie à domicile. [31]

Le déplacement des malades en TGV médicalisés vers la province

Mars 2020

Devant la recrudescence des cas de COVID-19 et la saturation annoncée des hôpitaux d'Île-de-France et de l'Est, le gouvernement a décidé de déplacer des malades vers des hôpitaux de province en TGV médicalisé, mais aussi en Allemagne, en Suisse, au Luxembourg et en Autriche. Une logistique lourde : pour 24 patients, trois trains sont mobilisés. « *Pour quatre patients, il y a trois infirmières et deux médecins.* »

Les tests RT-PCR et antigéniques

Introduction

Dans la lutte contre l'épidémie de COVID-19, l'une des mesures phares mises en place par le gouvernement a été la détection du virus en réalisant des tests PCR. En fonction des résultats des tests, les citoyens étaient catégorisés soit en « cas positif », soit en « cas négatif » ou encore en cas « positif asymptomatique ». De ce statut dépendait votre place dans la société et vos libertés, ainsi que vos droits qui étaient limités, voire supprimés.

Mais comme nous le verrons, initialement, l'utilisation de ces tests n'était pas destinée à détecter les virus.

Quels sont les tests utilisés pour détecter le virus ?

Les tests COVID-19 sont des analyses médicales utilisées pour détecter la présence du virus responsable de la maladie à coronavirus 2019 (COVID-19), le SARS-CoV-2. Il existe

---

[31] Source :
https://www.francetvinfo.fr/sante/maladie/coronavirus/coronavirus-pourquoi-le-deplacement-de-3000supporters-italiens-pour-le-match-de-ligue-des-champions-entre-lyon-et-la-juventus-a-ete-maintenu_3842109.html

plusieurs types de tests, mais les principaux sont les tests PCR (réaction en chaîne par polymérase) et les tests antigéniques.

- **Test PCR (Polymerase Chain Reaction)**

Ce test détecte la présence du matériel génétique du virus. Un échantillon est prélevé à l'aide d'un écouvillon dans le nez ou la gorge. Le matériel génétique est ensuite amplifié en laboratoire pour une détection plus précise.

Les résultats peuvent prendre quelques heures à quelques jours.

- **Test antigénique**

Ce test recherche des protéines spécifiques du virus. Il est généralement plus rapide que le test PCR, fournissant des résultats en environ 15 à 30 minutes. Cependant, il peut être moins sensible que le test PCR, en particulier chez les personnes asymptomatiques.

Les tests RT-PCR

Le docteur Kary Mullis

L'inventeur du test PCR est Kary Mullis, docteur et biochimiste américain décédé le 7 août 2019. Sa mort, quelques mois avant l'arrivée officielle du COVID-19, est considérée comme suspecte (évidemment, par les complotistes qui se posent des questions…). Il a reçu un prix Nobel de chimie en 1993.

Concernant l'utilisation des tests PCR pour détecter les virus, le docteur Kary Mullis déclarait que les tests PCR étaient trop sensibles et qu'ils pouvaient détecter des traces de virus, même chez des personnes qui n'étaient pas infectées ou qui étaient en train de guérir de l'infection.

Dans une interview accordée au magazine Wired en 2020, le Dr Mullis a déclaré :

« La PCR est une fantastique machine à fabriquer des molécules, mais elle ne vous dit pas si vous êtes malade ou pas. Elle ne vous dit pas que vous avez de l'ADN du virus. »

Il a également déclaré que les tests PCR étaient utilisés de manière abusive pour justifier des mesures de santé publique restrictives.

Les critiques de Mullis ont été soutenues par certains experts qui ont déclaré que les tests PCR étaient susceptibles de produire des faux positifs, notamment chez les personnes qui avaient été vaccinées. Il a également mis en garde contre l'interprétation excessive des résultats des PCR, soulignant qu'un simple fragment d'ADN viral détecté ne signifie pas nécessairement une infection active ou une maladie.

L'inventeur du test PCR lui-même indiquait qu'il ne devait pas être utilisé pour détecter les virus. Et pourtant, toutes les politiques gouvernementales ont été basées sur l'utilisation de ces tests en population générale. Pourquoi ? [32] [33] [34]

Déclaration du docteur Mike Yeadon

Le Dr Mike Yeadon, ancien directeur et scientifique en chef du géant pharmaceutique Pfizer, avait déclaré :

« Ce test est fatalement défectueux et doit être retiré immédiatement. Les tests sont à environ 90 % de faux positifs. Ils seraient utilisés uniquement pour créer la peur. »

Déclaration du professeur Hodgkinson (Canada)

Le professeur de médecine Roger Hodgkinson déclarait lors d'une audition au Parlement à Ottawa :

« Je tiens à souligner que je suis actif dans l'industrie du dépistage du COVID et que des résultats de tests positifs ne signifient pas une infection clinique. Cela ne fait que susciter l'hystérie publique. Il y a une hystérie publique totalement infondée qui est menée par les médias et les politiciens. C'est la plus grosse fraude jamais commise contre un public sans méfiance. »

---

[32] Source : https://www.businesstravel.fr/les-tests-pcr-actuels-sont-peu-fiables-pour-detecter-une-infection-virale.html

[33] Source : https://archive.org/details/kary-mullis-la-mort-suspecte-de-linventeur-du-test-pcr

[34] Source : https://videos.files.wordpress.com/7MSrVQVC/kary-mullis-_-la-mort-suspecte-de-linventeur-du-test-pcr_mp4_hd.mp4

Le taux d'amplification (CT) des tests PCR qui devrait être aux alentours de 30 avoisine les 50, ce qui augmente encore plus le taux de faux positifs ou de positifs sans pertinence clinique. [35] [36]

Après un certain nombre de cycles, on peut obtenir un million, voire plus de copies de ce qu'on cherchait au départ. La trace laissée par le virus est amplifiée à chaque cycle. Après 40 cycles, le signal est amplifié 1,5 million de fois. En règle générale, les laboratoires ont utilisé 40 cycles. C'est trop. De plus, plusieurs scientifiques se sont exprimés contre ces tests en population générale.

Les tests antigéniques (et autotests)

Un test antigénique est un test de diagnostic utilisé pour détecter la présence de protéines spécifiques sur la surface d'un virus ou d'une bactérie. Dans le cas du COVID-19, les tests antigéniques détectent des protéines du virus SARS-CoV-2.

Les tests antigéniques sont moins sensibles que les tests PCR, qui détectent l'ADN du virus. Cependant, ils sont plus rapides et plus faciles à réaliser. Ils peuvent être utilisés pour dépister les personnes asymptomatiques, c'est-à-dire les personnes qui ne présentent pas de symptômes de la maladie.

Le test antigénique se déroule en deux étapes :

1 - Un prélèvement nasopharyngé est réalisé, c'est-à-dire qu'un écouvillon est inséré dans la narine pour prélever un échantillon de mucus.

2 - L'échantillon est ensuite placé dans un réactif qui contient des anticorps spécifiques aux protéines du virus SARS-CoV-2. Si les anticorps se lient aux protéines du virus, une bande apparaît sur le test. Le résultat du test est généralement disponible en 15 à 30 minutes.

Les tests antigéniques sont utilisés dans les situations suivantes :

- Pour dépister les personnes asymptomatiques, notamment dans les populations à risque, comme les professionnels de santé ou les personnes âgées.

---

[35] Source : https://www.christopher-jablonski.com/fr/blog/tests-pcr
[36] Source : https://www.francesoir.fr/societe-sante/le-test-pcr-va-au-tribunal-au-portugal-mais-aussi-en-allemagne-et-dans-de-nombreux

- Pour confirmer un diagnostic de COVID-19, notamment chez les personnes présentant des symptômes.
- Pour suivre l'évolution de l'épidémie, en mesurant le nombre de personnes infectées.

Les personnes testées sont considérées comme positives, même sans être malades, même sans symptômes. C'est ce qu'on a appelé les « asymptomatiques ». Mais depuis quand, en médecine générale, peut-on être considéré comme malade sans aucun prélèvement sanguin, sans signe clinique et sans maladie ?

Une grande confusion (organisée ?) a alors sévi dans les médias : on parlait de *« cas positifs »,* sous-entendus de malades, alors qu'ils ne l'étaient pas.

Conclusion

Encore une fois, je ne suis ni médecin ni scientifique. Je me questionne. Comment est-il possible que les gouvernements, quel que soit le pays, aient utilisé un test pour détecter un virus quand même son créateur le contre-indiquait pour cette situation ?

Leurs utilisations n'avaient donc aucune utilité sanitaire, mais ont permis de justifier les nombreuses privations de liberté. Comment cela a-t-il pu arriver ?

Les passes de la honte et les mensonges

Introduction

Dans le cadre de la politique vaccinale, le passe sanitaire en France a été mis en place pour lutter contre la propagation du COVID-19 et pour protéger la santé publique. Il visait à limiter la circulation du virus **en incitant** les personnes à se faire vacciner, à se faire tester régulièrement et à adopter des comportements responsables dans des contextes à risque élevé de transmission. Cela a été la même chose pour le passe vaccinal.

Le passe sanitaire était initialement exigé pour accéder à certains lieux et événements, notamment les grands événements culturels, sportifs et professionnels, les restaurants, les bars, les cafés, les discothèques, les transports de longue distance, les établissements de santé et les maisons de retraite.

Le 21 juillet 2021, le passe sanitaire a été étendu à de nouvelles activités, notamment les salles de spectacle, les musées, les bibliothèques, les piscines, les salles de sport, les salles de jeux, les casinos, les foires et salons, les centres commerciaux et les marchés couverts.

Le 24 janvier 2022, le passe sanitaire a été remplacé par le passe vaccinal, qui exigeait la vaccination complète contre le COVID-19. Le passe vaccinal était exigé pour accéder aux mêmes activités que le passe sanitaire.

Le 14 mars 2022, le passe vaccinal a été supprimé.

Le passe sanitaire a été rétabli dans les établissements de santé et les maisons de retraite (et EHPAD) entre le 16 mars 2022 et le 1er août 2022.

Revenons en détail sur ce que permettait, ou non, ces différends passes de la honte.

Le passe sanitaire

Le passe sanitaire, **mis en place en France en juin 2021, a été suspendu le 14 mars 2022** et n'est plus en vigueur depuis le 1er août 2022.

Les mesures du passe sanitaire

Le passe sanitaire consistait à conditionner l'accès à certains établissements, lieux, services et événements recevant du public à la présentation d'un certificat sanitaire. Ce certificat pouvait être obtenu de trois façons :

- Un schéma vaccinal complet, c'est-à-dire deux doses de vaccin contre le COVID-19, sauf pour le vaccin Janssen, qui ne nécessitait qu'une seule dose.

- Un test négatif de moins de 24 heures, pour l'accès aux lieux concernés.

- Un certificat de rétablissement du COVID-19, attestant d'une infection au cours des six derniers mois.

Les dates du passe sanitaire

Le passe sanitaire a été mis en place en France par décret le 9 juin 2021. Il était initialement obligatoire dans les lieux suivants :

- Les bars, restaurants, cafés

- Les cinémas, théâtres, salles de spectacles

- Les salles de sport, piscines, centres de loisirs
- Les établissements de santé, maisons de retraite
- Les transports publics interrégionaux

Le passe sanitaire a été renforcé le 15 juillet 2021, en passant de « passe sanitaire » à « passe vaccinal ». Le schéma vaccinal complet était désormais la seule preuve sanitaire admise pour accéder aux lieux soumis au passe sanitaire.

Les débats autour du passe sanitaire

Les débats autour du passe sanitaire ont été passionnés, entre partisans et opposants. Les partisans du passe sanitaire ont estimé qu'il était une mesure nécessaire pour lutter contre la propagation du COVID-19. Ils ont souligné qu'il a permis de réduire le nombre de contaminations et d'hospitalisations.

Les opposants au passe sanitaire quant à eux ont estimé qu'il était discriminatoire et liberticide. Ils ont dénoncé le fait qu'il excluait les personnes non-vaccinées de certains lieux et activités. Ils ont également souligné que le passe sanitaire n'a pas permis d'éradiquer la pandémie de COVID-19.

La suspension du passe sanitaire

La suspension du passe sanitaire le 14 mars 2022 a été décidée par le gouvernement. Cette décision a été prise dans un contexte de baisse de la circulation du virus et d'adhésion croissante à la vaccination.

Les antivax (ou désignés comme tels) qui s'opposent à la vaccination en général étaient les opposants les plus farouches au passe sanitaire. Ils estimaient que ce dispositif était une atteinte à la liberté individuelle et à la santé publique.

Les libertaires, qui défendent les libertés individuelles, étaient également opposés au passe sanitaire. Ils estimaient que ce dispositif était une forme de discrimination et de coercition. Ils estimaient aussi que ce dispositif était un moyen de contrôler la population.

Certains politiques étaient également opposés au passe sanitaire. Parmi eux, on peut citer :
- **Florian Philippot**, président du parti Les Patriotes
- **Jean-Luc Mélenchon**, leader de la France insoumise

- **Nicolas Dupont-Aignan**, président de Debout la France
- **Philippe Poutou**, candidat du Nouveau Parti anticapitaliste
- **Nathalie Arthaud**, candidate de Lutte ouvrière

Les opposants au passe sanitaire ont organisé de nombreuses manifestations, notamment les samedis, à l'appel de Florian Philippot. Ces manifestations ont rassemblé des centaines de milliers de personnes à travers toute la France.

Le passe vaccinal

Le passe vaccinal était un dispositif mis en place en France le 24 janvier 2022, en remplacement du passe sanitaire. Il consistait à conditionner l'accès à certains établissements, lieux, services et événements recevant du public à la présentation d'un certificat de vaccination complète contre le COVID-19.

Les mesures du passe vaccinal

Le passe vaccinal pouvait être obtenu de trois façons :

- Un schéma vaccinal complet, c'est-à-dire deux doses de vaccin contre le COVID-19, sauf pour le vaccin Janssen (une seule dose).
- Un certificat de rétablissement du COVID-19, attestant d'une infection au cours des six derniers mois.

Les dates du passe vaccinal

Le passe vaccinal a été mis en place en France par décret le 24 janvier 2022. Il était initialement obligatoire dans les lieux suivants :

- Les bars, restaurants, cafés
- Les cinémas, théâtres, salles de spectacles
- Les salles de sport, piscines, centres de loisirs
- Les établissements de santé, maisons de retraite
- Les transports publics interrégionaux

L'impact du passe vaccinal

Le passe vaccinal a été critiqué, au même titre que le passe sanitaire, et les oppositions étaient les mêmes. Il se distinguait du passe sanitaire par deux points principaux :

- Il ne permettait pas de présenter un test négatif de moins de 24 heures comme preuve sanitaire.

- Il était obligatoire pour les personnes de 16 ans et plus, contre 18 ans et plus pour le passe sanitaire.

La suspension du passe vaccinal

La suspension du passe vaccinal le 14 mars 2022 a été décidée par le gouvernement français.

Mensonges et mépris de l'exécutif

Emmanuel Macron

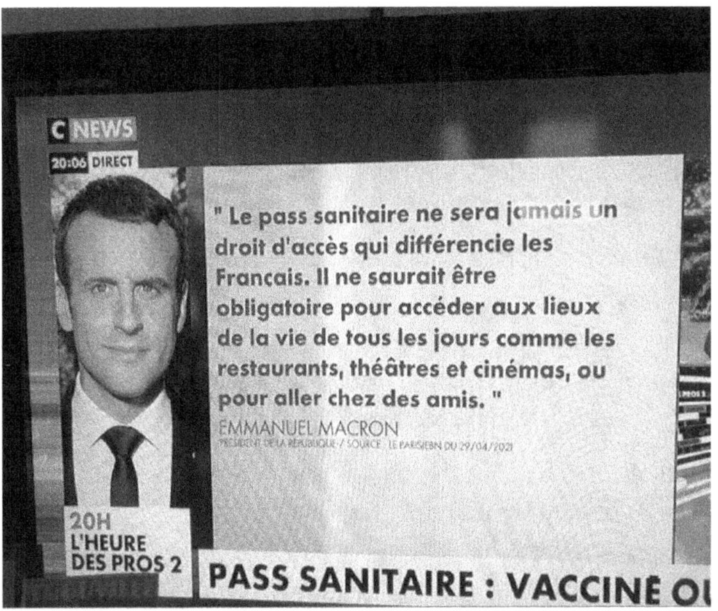

Nous avons bien vu que c'était totalement faux.

Olivier Véran

Dans un entretien accordé à Konbini le 3 juin 2021, le ministre de la Santé déclarait :

« Le passe sanitaire n'est pas fait pour embêter les gens. L'idée ce n'est pas de fliquer les gens, ce n'est pas de les empêcher, de les trier. Je suis contre le transhumanisme, tous ces trucs-là m'effraient et je lutterai toute ma vie contre ça. Je suis contre le passe sanitaire dans les restos, contre le pass sanitaire pour confier ses gamins à l'école. »

Il ajoutait : « Non, on n'est pas en train d'installer un système de tri ou de sélection des gens en fonction de leur statut sanitaire. » [37]

Encore un autre mensonge qui a permis de mettre en place le passe, tout en douceur, puis de revenir plus tard sur les restrictions supplémentaires qu'il permettait.

Jean Castex

C'est une discussion surréaliste à laquelle vous allez assister. Le samedi 10 juillet 2021 à Paris, Florian Philippot, président du mouvement Les Patriotes, interpelle Jean Castex concernant l'application du Pass sanitaire et les discriminations entre les Français qui en découlent. La réponse du Premier ministre est cinglante.

Florian Philippot : Honnêtement, sur le passe sanitaire, vous n'allez pas le mettre dans les restaurants, etc. ?

Jean Castex : Il faut savoir ce qu'on veut. Est-ce qu'il vaut mieux fermer les restaurants… ?

Florian Philippot : De toute façon, personne ne va y aller. Regardez en Allemagne, ça ne marche pas… Ça crée un problème de discrimination entre les gens…

Jean Castex : Ils n'avaient qu'à se faire vacciner ! [38]

Traduction : vaccinez-vous ou soyez exclus de la société. Nous n'avons eu de leur part que du mépris.

Conclusion

La gestion de la « crise COVID » a été catastrophique de la part du gouvernement, mais elle leur a permis de mettre en place des outils de contrôle de masse inédit, dont la Chine serait jalouse. Les personnes non-vaccinées ont fait l'objet d'une exclusion de la société. Ces passes n'avaient rien de sanitaire, mais ont été un moyen de domestiquer la population. Et le test a été réussi avec brio et une soumission presque totale.

---

[37] Source : https://lemediaen442.fr/olivier-veran-je-suis-contre-le-pass-sanitaire-dans-les-restos-non-on-nest-pas-en-train-dinstaller-un-systeme-de-tri/

[38] Source : https://lemediaen442.fr/ce-que-dit-jean-castex-aux-francais-discrimines-par-le-pass-sanitaire-ils-navaient-qua-se-faire-vacciner/

8

Les chiffres pour faire peur, la censure des médias et les fact-checkers

Le matraquage du message pour faire peur

Introduction

Dans un premier temps, le gouvernement s'est voulu rassurant quant à ce virus lointain venant de Chine avec les déclarations d'Emmanuel Macron le 12 mars 2020 :

« La France unie, c'est notre meilleur atout dans la période troublée par le COVID-19 que nous traversons. Nous tiendrons. Tous ensemble. »

Après les affichettes d'Agnès Buzyn dans les aéroports, la communication gouvernementale s'est emballée, largement relayée, appuyée et amplifiée par les médias.

L'objectif était clair : faire peur, partout et tout le temps en monopolisant le temps médiatique. Pendant cette période, plus rien d'autre n'existait. On parlait à ce moment-là de vague, de raz de marée, de tsunami et d'apocalypse.

L'écrasante majorité des scientifiques, des experts et des médias annonçaient une catastrophe sanitaire sans précédent, et le confinement du pays devenait une évidence.

Certains ont tenté de s'opposer et s'exprimaient pour indiquer qu'ils doutaient du bien-fondé des confinements, mais ils étaient immédiatement discrédités et ridiculisés.

Les pires chiffres hantaient les écrans des médias en permanence, affichés en rouge et en gros. L'heure était grave, la population était sidérée (tout comme moi au début, je l'avoue) et suspendue aux données communiquées par les chaînes d'information.

La manipulation par la peur était alors enclenchée et allait tout emporter, notamment les libertés fondamentales.

La frénésie médiatique

Il était impossible de regarder la télévision et d'échapper à ce matraquage sur le COVID-19. Que ce soit dans les journaux télévisés, les émissions spéciales, les reportages et même à travers les publicités mises en place par le gouvernement. Tout tournait autour de la pandémie de COVID-19. Quatre-vingts pour cent du temps médiatique et des dépêches de l'Agence France Presse étaient consacrés au COVID.

Évolution de l'utilisation du mot « coronavirus » dans la presse française de janvier à fin mars 2020

L'utilisation du mot « coronavirus » a augmenté de manière constante de janvier à mars 2020. En janvier, le mot était mentionné environ **1 000 fois par jour** dans la presse française. En février, cette occurrence a augmenté à environ **2 000 par jour**. En mars, le mot a été mentionné environ **12 000 fois par jour**, atteignant un pic de **19 000 le 16 mars**, date de l'annonce du confinement en France.

D'après le *Journal Du Dimanche*, au sujet du coronavirus : *« près de 19 000 articles chaque jour dans la presse française, un record. »* [39]

Une autre étude de l'INA (Institut National de l'Audiovisuel) confirme ce matraquage et ce bourrage de crâne.

« Près de 100 000 000 de mots passés à la loupe : l'INA a étudié plus de 8 000 heures de programmes sur les chaînes d'information en continu et 400 heures de programmes d'info sur les chaînes historiques, pour déterminer le temps d'antenne consacré au coronavirus. Bilan : la médiatisation du COVID-19 et de ses conséquences est un phénomène absolument inédit dans l'histoire de l'information télé. » [40]

---

[39] Source : https://www.lejdd.fr/Politique/coronavirus-pres-de-19000-articles-chaque-jour-dans-la-presse-francaise-un-record-3956891
[40] Source : https://larevuedesmedias.ina.fr/etude-coronavirus-covid19-temps-antenne-information

La frénésie des chiffres catastrophiques

En plus d'une médiatisation sans précédent du COVID-19 partout et dans tous les formats, un autre élément a permis d'amplifier cette hystérie savamment organisée : les chiffres.

Les Français (mais je suis certain qu'il en a été de même dans les autres pays) ont été assommés par des chiffres alarmistes qui étaient mis en avant dans tous les domaines : taux d'incidence, taux d'hospitalisation, taux de cas positifs, pourcentage de contamination…

Octobre 2020

Lors de son allocution, Emmanuel Macron déclare que la France compterait environ **400 000 morts** si on *« laissait le virus circuler »*. Pour lui, l'immunité naturelle n'est pas la solution. En effet, il explique :

« À très court terme, cette immunité collective entraînerait le tri entre les patients à l'hôpital… d'ici quelques mois, c'est au moins 400 000 morts supplémentaires à déplorer… jamais la France n'adoptera cette stratégie. »

Ce chiffre, étudié par le Conseil Scientifique, repose sur une modélisation publiée dans un billet par deux de ses membres, Arnaud Fontanet et Simon Caucherez, épidémiologistes à l'Institut Pasteur dans *Nature Reviews Immunology* publié en septembre.

Le professeur Jean-François Delfraissy, président du Conseil scientifique COVID-19, lors d'une audition devant la commission des affaires sociales de l'Assemblée nationale le 30 mars 2020, déclarait :

« Pour le COVID-19, dont le taux de mortalité par infection est estimé à 0,3 - 1,3 %, le coût de l'immunité collective par infection naturelle serait très élevé, surtout en l'absence d'une meilleure prise en charge des patients et sans protection optimale des personnes exposées à de graves complications. En supposant un seuil d'immunité collective optimiste de 50 %, pour des pays comme la France et les États-Unis, cela se traduirait par 100.000-450.000 et 500.000-2.100.000 morts, respectivement. »

Modélisation validée par le Professeur Karine Lacombe, infectiologue et cheffe de service des maladies infectieuses à l'hôpital Saint-Antoine de Paris (star temporaire des plateaux télé). Cette dernière déclarait :

« L'immunité collective est donc un concept qui paraît illusoire aujourd'hui. »

Le message indirect était déjà clair : respectez les mesures sanitaires imposées par le gouvernement pour éviter des morts.

Quelques exemples des chiffres annoncés sur les plateaux de télévision (ici BFMTV et Cnews)

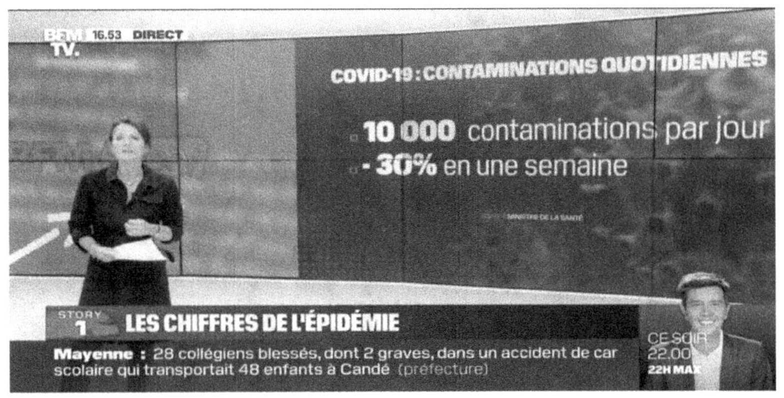

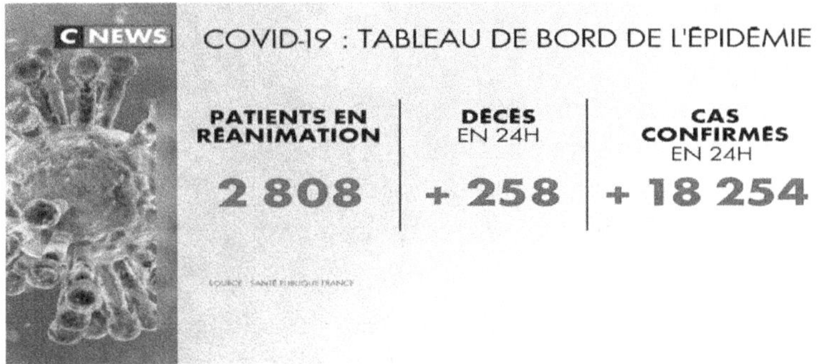

Le décompte journalier et morbide des morts

Tous les soirs, de façon formelle, solennelle et grave, Jérôme Salomon, directeur général de la Santé, venait sur les plateaux télé pour annoncer les chiffres du nombre de morts et de personnes en réanimation.

Quelques voix s'élevaient pour relativiser la situation

Certains médecins ont tenté de remettre en question les chiffres annoncés par les autorités sanitaires, mais ils ont été rapidement discrédités par les médias et les experts officiels, qui les ont qualifiés de «rassuristes» ou «d'ennemis de la science».

Ce fut le cas, par exemple, du docteur Laurent Toubiana (épidémiologiste, chercheur à l'INSERM et docteur en physique).

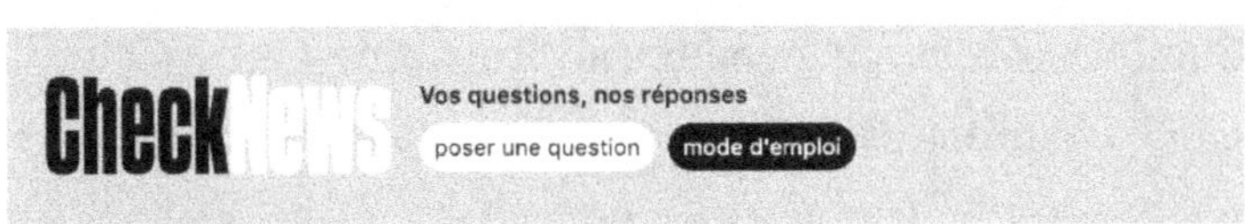

CheckNews
Sur quoi se fonde l'épidémiologiste Laurent Toubiana pour affirmer que «l'épidémie est terminée» ?

Pour ce chercheur de l'Inserm, chef de file du camp des «rassuristes», l'épidémie de Covid-19 est derrière nous. Une position en contradiction avec le discours majoritaire, et plusieurs indicateurs.

Les modélisations catastrophistes réalisées par l'épidémiologiste Neil Ferguson

Neil Ferguson, dont la fiche Wikipédia a été épurée, est membre éminent de l'Imperial College à Londres (institution parmi les plus vénérables au monde). Professeur de médecine, le spécialiste des mathématiques appliquées à la biologie est une figure scientifique de renommée internationale et une véritable star des médias.

Ce spécialiste, défenseur du confinement et opposant à l'immunité collective, a vu ses prédictions d'épidémies mondiales meurtrières relayées par l'OMS et utilisées par de nombreux gouvernements pour justifier leurs mesures sanitaires. Bien que ces prédictions aient été fausses à plusieurs reprises au cours des 20 dernières années, elles n'ont pas empêché les gouvernants de se reposer sur ses chiffres pour prendre des décisions, notamment en matière de confinement et d'achat de vaccins.

Quelques exemples de ses fausses prédictions :

2001 - Fièvre aphteuse

Prévisions : 150 000 morts.

Réalité : moins de 200 morts.

6 millions de bovins abattus au Royaume-Uni.

Coût : 6 milliards de livres aux éleveurs anglais.

2002 - Maladie dite de la vache folle

Prévisions : 50 000 morts au Royaume-Uni.

Réalité : 177 morts.

2005 - Grippe aviaire

Prévisions : 150 millions de morts dans le monde, dont 65 000 Anglais.

Réalité : 282 morts dans le monde.

2009 - Grippe porcine H1N1

Prévisions : jusqu'à 65 000 morts au Royaume-Uni et 8 000 morts pour le Canada.

Réalité : 457 morts anglais et moins de 500 au Canada.

En France, les prédictions catastrophiques de Neil Ferguson ont entraîné l'achat d'énormes quantités de vaccins et d'antiviraux (Tamiflu) par l'intermédiaire de Roselyne Bachelot.

Au total, 312 décès en France et un achat global d'environ 2 milliards d'euros.

Mars 2020 - COVID-19

À la mi-mars, le Pr Neil Ferguson, de l'Imperial College, a présenté au Premier ministre britannique Boris Johnson et aux membres du gouvernement les résultats actualisés des modèles développés par son équipe pour simuler la propagation du coronavirus. Bien que le modèle d'agents utilisé pour ces prédictions ait été élaboré en 2005, il n'a suscité aucune inquiétude quant à sa pertinence. Les projections alarmantes ont eu un impact considérable : Boris Johnson, à l'instar de la Maison-Blanche et du président Emmanuel Macron, a été profondément troublé par ces données. En réaction, ces dirigeants ont rapidement mis en place des mesures sévères, limitant drastiquement les déplacements des citoyens afin de contenir la propagation du virus.

Prévisions : 510 000 morts au Royaume-Uni, 500 000 en France (chiffre annoncé par Emmanuel Macron) et 2,2 millions aux États-Unis si rien n'est fait.

Il estimait que la pandémie pourrait entraîner jusqu'à 50 millions de morts au niveau mondial.

Réalité : environ 150 000 morts au Royaume-Uni (chiffres du bureau national des statistiques), 118 700 en France et 1 010 780 aux États-Unis (chiffres du CDC). Ces chiffres comprennent les décès survenus à l'hôpital, en EHPAD et en milieu intrahospitalier.

Au niveau mondial, finalement, le nombre de morts a atteint environ 6,2 millions. **Soit une différence d'environ 80% entre les prédictions catastrophiques et la réalité.**

À titre d'exemple, voici une autre modélisation cataclysmique effectuée par un épidémiologiste.

En février 2020, le Professeur Marc Lipsitch, épidémiologiste des maladies infectieuses à l'Université d'Harvard (USA), affirmait que « **40% à 70% de la population mondiale serait infectée d'ici un an** ». Mais finalement, selon l'OMS, à peine plus de 10 millions de cas ont été confirmés dans le monde sur 7,7 milliards d'êtres humains, **soit 0,13% de la population mondiale qui a été infectée.**

Tous ces modèles, prévisions et autres projections sont certes complexes, mais toujours réglés sur le pire scénario. Demandez-vous pourquoi et à quelles fins.

Liv Grjebine, qui enseigne l'histoire des sciences à Harvard, relevait dans un article récent :

« En janvier 2021, le Conseil scientifique s'appuyait sur des projections développées par l'Institut Pasteur et par l'INSERM pour défendre un confinement strict. Ces projections prévoyaient une forte hausse du nombre d'admissions hospitalières : près de 30 000 admissions par semaine vers le 8 février, or 11 300 hospitalisations ont en fait eu lieu lors de cette période, soit près de trois fois moins ; ces mêmes projections prévoyaient

140 000 nouveaux cas de contamination par jour la semaine du 15 février. Or environ 20 000 ont été observées en pratique cette semaine-là, soit sept fois moins. » [41]

Un autre exemple qui détaille l'approximation des modélisations

Allez lire l'article : *« Les courbes meurtrières et modélisations de l'enfer : les chiffres tuent plus que le COVID (France-Soir) »* [42]

Les chiffres de l'enfer annoncés par l'AP-HP

Le 27 mars 2021, l'AP-HP (l'Assistance publique des Hôpitaux de Paris) suite à une « réunion de crise » affirmait qu'en l'absence d'un « confinement dur » au 1er avril, 4 400 malades pourraient être admis en réanimation en région parisienne dans le courant du même mois. Le mois d'avril s'est terminé, il n'y a pas eu de confinement strict et selon Santé publique France, le nombre de personnes en soins critiques en Île-de-France s'élevait à 1730, **soit une augmentation environ douze fois inférieure à celle annoncée par l'AP-HP.** Quand ça ne veut pas, ça ne veut pas ! [43]

Certains restaient lucides malgré l'hystérie ambiante

Arnaud Fontanet, responsable de l'unité d'épidémiologie des maladies émergentes à l'Institut Pasteur déclare :

« L'épidémie de COVID-19 fait moins de morts que la grippe, mais suscite beaucoup d'inquiétudes. » [44]

---

[41] Source : https://www.lefigaro.fr/vox/societe/les-epidemiologistes-qui-se-sont-trompes-gagneraient-a-le-reconnaitre-20210427

[42] Source : https://www.francesoir.fr/opinions-tribunes/courbes-meurtrieres-et-modelisations-de-lenfer-les-chiffres-tuent-plus-que-le

[43] Source : https://www.radiofrance.fr/franceinter/les-projections-alarmistes-echangees-lors-d-une-reunion-de-crise-a-l-ap-hp-1482232

[44] Source : https://www.lemonde.fr/planete/article/2020/02/18/l-epidemie-de-covid-19-fait-moins-de-morts-que-la-grippe-mais-suscite-beaucoup-d-inquietudes_6029973_3244.html

La stratégie de la peur et celle de la culpabilisation

Nous ne savions pas à l'époque (et encore aujourd'hui au moment où j'écris ces lignes), si les malades étaient morts **à cause** du COVID-19 **ou avec** le COVID-19. Cette distinction n'a jamais été mise en avant par les médias et aucun organisme d'État n'a communiqué ces chiffres.

Laurent Toubiana a déposé une plainte en novembre 2022 auprès du Sénat pour demander le statut vaccinal des personnes décédées en France. Sa plainte a été rejetée par la conférence des présidents du Sénat et les informations demandées n'ont toujours pas été fournies.

La question à se poser est : pourquoi ? Pourquoi refuser de communiquer ces chiffres alors qu'ils sont disponibles dans d'autres pays, comme en Angleterre par exemple ?

Deux autres articles permettent d'avoir un autre point de vue sur la stratégie de la peur utilisée par le gouvernement :

« Stratégie du choc et gouvernement de la peur » écrit par Dominique Cellier. [45]

« Le coronavirus dans la cité : quand l'assurance fait place à la peur panique », de Bosson Bra Djeredou. [46]

« Le non-vacciné correspond à ce que l'anthropologie désigne comme un bouc émissaire. »

Dans un article du Figaro, Danièle Dehouve et Christophe Lemardelé déclarent :

« Nous, anthropologue et historien des religions, sommes inquiets de voir surgir à nouveau ces logiques d'accusation, de harcèlement, d'exclusion, comme si l'enseignement de l'histoire n'était qu'un perpétuel échec. » [47]

---

[45] Source : https://sciencescitoyennes.org/strategie-du-choc-et-gouvernement-de-la-peur/

[46] Source : https://journals.openedition.org/rechercheseducations/10493

[47] Source : https://www.lefigaro.fr/vox/societe/le-non-vaccine-correspond-a-ce-que-l-anthropologie-designe-comme-un-bouc-emissaire-20211201

Les chiffres, mais de quels chiffres parle-t-on ?

Souvenez-vous au tout début de l'épidémie, on nous parlait du nombre de malades ou du nombre de morts. Mais rapidement, un glissement sémantique s'est produit pour globaliser les cas. Peut-être parce que les premiers chiffres ne faisaient pas assez peur ?

Les tests PCR ont été massivement généralisés. La presse a alors commencé à parler du nombre de cas positifs, du nombre de malades, avec ou sans symptômes (les fameux cas asymptomatiques). Je ne suis pas médecin, mais existe-t-il une autre maladie pour laquelle on est considéré comme malade sans aucun symptôme ou signe clinique mesurable ?

Manipulation des seuils épidémiques ?

Le seuil épidémique pour chaque épidémie à virus respiratoire depuis 1985 a constamment été fixé entre 150 et 200 cas pour 100 000 habitants.

Les seuils épidémiques (ou seuils d'alerte) pour les maladies infectieuses courantes en France avant 2018 étaient les suivants :

- **Grippe : 100 cas pour 100 000 habitants par semaine**
- Rougeole : 1 cas pour 100 000 habitants par an
- Poliomyélite : 1 cas pour 1 000 000 habitants par an
- Sida : 20 nouveaux cas pour 100 000 habitants par an

Mais en 2018, le Haut Conseil de la Santé publique a été créé pour remplacer le ministère des Solidarités et de la Santé dans la fixation des seuils épidémiques. Le HCSP a révisé les seuils épidémiques pour plusieurs maladies infectieuses, notamment pour le COVID-19.

Depuis 2018, les seuils épidémiques sont les suivants :

- **Grippe : 50 cas pour 100 000 habitants par semaine**
- Rougeole : 1 cas pour 100 000 habitants par an
- Poliomyélite : 1 cas pour 1 000 000 habitants par an
- Sida : 20 nouveaux cas pour 100 000 habitants par an

Pour la COVID-19, le seuil épidémique a été fixé à 100 cas pour 100 000 habitants par semaine par le ministère des Solidarités et de la Santé, mais a été modifié en septembre 2020 pour être ramené à 50 cas pour 100 000 habitants par semaine. Surprenant ce changement du seuil épidémique pour les maladies respiratoires, n'est-ce pas ?

Il en a été de même depuis plusieurs années pour l'abaissement des seuils pour certaines maladies : LDL-cholestérol, la pression artérielle systolique…

Pourquoi ? Pour rendre éligible à des traitements médicaux chers et vendus par des laboratoires des personnes qui n'en auraient pas bénéficié avant l'abaissement de ces seuils.

Je vous conseille vivement la lecture de l'article suivant :

Chronique COVID n° 13 – « Halte à la manipulation : Ils ont baissé le seuil épidémique pour le COVID ! » de FranceSoir [48]

Les campagnes publicitaires pour la vaccination

La campagne de vaccination, en plus des annonces du gouvernement et des différentes déclarations d'experts et autres spécialistes, a fait l'objet de publicités aux heures de grande écoute. Le matraquage s'insinuait ainsi dans des campagnes publicitaires avec des slogans créés pour marquer les esprits afin de toucher un maximum de personnes.

J'en cite quelques-uns qui, aujourd'hui, me font sourire :

« On peut débattre de tout, sauf des chiffres. Aujourd'hui en France, 8 personnes sur 10 hospitalisées à cause du COVID ne sont pas vaccinées. »

---

[48] Source : https://www.francesoir.fr/societe-sante/chronique-covid-ndeg13-halte-la-manipulation-ils-ont-baisse-le-seuil-epidemique-pour

La tournée du vaxibus « Ca va, ça vax ! »
Opération lancée par le ministère des Solidarités et de la Santé et Skyrock

Le site internet « Vite ma dose »

Spot TV « le débat »

« 8 personnes sur 10 hospitalisées ne sont pas vaccinées »
Vidéo du sport TV à voir : YouTube [49]

---

[49] Source : https://www.youtube.com/watch?v=iLi5kkTGfRo

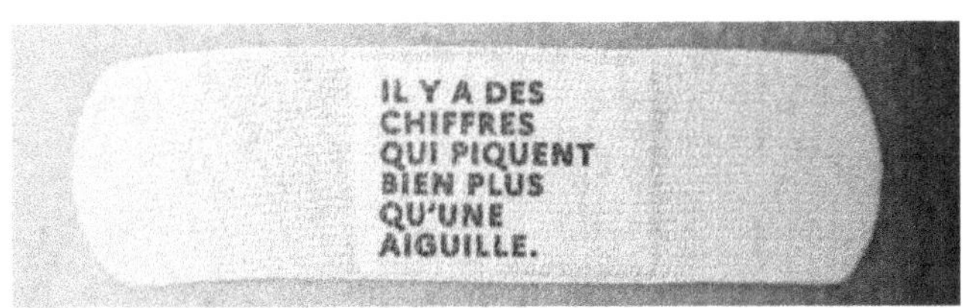

Conclusion

Dès le début, les pseudo-spécialistes, les pseudo-experts, les médecins de plateau télé, les instituts, et par voie de conséquence, le gouvernement, savaient que les chiffres n'étaient pas catastrophiques. On ne peut pas discuter des chiffres, certes, mais ce qui pose problème concerne leur interprétation. On peut leur faire dire n'importe quoi.

9

Les fact-checkers et la liberté d'expression

Les fact-checkers

Ce terme, qui n'existait pas en France, est récemment apparu avec le COVID-19 et monte depuis en puissance. D'origine américaine et apparu vers les années 2000, il s'agit au départ de vérificateurs de faits dans les organes de presse. Ils sont censés vérifier la véracité de faits, des chiffres statistiques ou autres informations.

De nombreux services de presse possèdent un ou plusieurs journalistes (professionnels) détachés pour cette tâche. Des sites Web spécialisés se sont naturellement créés pour lutter contre la désinformation, les fausses rumeurs et s'assurer de la véracité des propos des hommes politiques.

Il s'agit aujourd'hui d'un métier à part entière qui permet de vérifier notamment ce qui circule sur internet ou sur les réseaux sociaux.

Les services de vérifications de presse les plus connus sont les suivants :

* Libération : « désintox » ou « checknews »
* Le Monde : « les décodeurs »
* Agence France Presse : « AFP Factuel »
* France Info : « le vrai du faux »
* 20 Minutes : « fake Off »
* Hoaxbuster.com
* De Facto
* Factcheck.org (pour les États-Unis)

Julien Pain, journaliste

Julien Pain est journaliste à France Info. Animateur de « Instant Détox » et de « Vrai ou Fake », il se présente comme un chasseur de fausses informations.

J'ai commencé à effectuer des recherches sur lui et ses précédentes déclarations.

Mais je pense qu'une seule phrase suffit à comprendre sa façon de penser et à présenter son mode de fonctionnement sur les « fausses » informations.

Voici l'une de ses déclarations dans une vidéo sur les rumeurs et autres théories du complot :

Julien Pain : « Comparez, variez les sources, regardez ce que les autres médias disent sur un sujet. Si aucun journal, aucune chaîne de télé, aucune radio n'a parlé d'une info, eh bien c'est probablement qu'elle est fausse. »

Barbu : « À moins qu'effectivement tous les médias soient corrompus et contrôlés par les Illuminatis et les Aliens… »

- Source : YouTube [50]. Vidéo du 22 janvier 2019

Après avoir lu sa phrase, est-il nécessaire d'aller plus loin ?

Les scandales du fact-checking et de la « harcelosphère »

Les vérificateurs non professionnels

En plus de ces organes officiels, certains se sont autoproclamés comme étant des vérificateurs. À titre individuel ou dans le cadre d'un organisme ou d'une association, ils officient parfois dans un domaine qui leur est propre, comme le médical par exemple.

Ils sont encensés et reçus sur les médias publics comme des professionnels de la vérification de faits. Mais bien souvent, ils se contentent de harceler ceux qui ne rentrent pas dans le rang avec des attaques ad hominem.

Les plus visibles et actifs sur la toile sont les suivants :

- Rudy Reischtadt
- Tristan Mendes-France
- Thomas Huchon
- Mathias Wargon

---

[50] Source : https://www.youtube.com/watch?v=kNZHldZKWdY

Vérifiez leurs déclarations et leurs comptes Tweeter (maintenant X), vous allez vite comprendre la teneur de leurs échanges. Sous couvert de lutte contre la désinformation, ils dénigrent, souvent de façon violente, toutes les informations et les personnes qui sortent de la doxa.

Fact & furious, de la parole d'or à la chute

Dirigé par Antoine Daoust, le site « de fact-checking et d'actualité indépendant » était spécialisé dans la lutte contre la désinformation, en particulier sur la crise sanitaire causée par le COVID-19. En juin 2021, le site obtient même la reconnaissance de **service de presse en ligne par le ministère de la Culture** (certificat IPG, Information Politique et Générale, ouvrant droit à des avantages fiscaux et des aides publiques).

À l'instar d'autres services de fact-checking, Antoine Daoust déclarait « *Je fais la guerre à la désinformation sur les réseaux sociaux* », mais il n'a jamais été journaliste. Encensé par la presse, il présentait son site comme « *un service de presse en ligne indépendant* » et sa fiabilité n'était pas remise en cause par les médias mainstream.

C'était sans compter sur les révélations fracassantes faites par Idriss Aberkane (entrepreneur, consultant international, conférencier, essayiste et tellement plus) et le média de presse France Soir.

Factandfurious.com était en fait une officine destinée à faire taire et à discréditer tous les opposants à la doxa gouvernementale spécialisée dans l'attaque et le blanchiment de fausses informations.

Ouvert en février 2021, le site factandfurious.com a été clôturé en novembre 2022. Depuis, son créateur, Antoine Daoust a disparu de la surface d'internet et des réseaux sociaux.

Quand sera-t-il d'autres fact-checkers dans quelques mois ?

Articles à lire absolument :

- L'enquête de France Soir [51]
- L'article de nexus.fr [52] (magazine d'information indépendant)

Vidéos à voir absolument :

- La vidéo d'Idriss Aberkane : YouTube[53]

Conspiracy Watch, l'observatoire du conspirationnisme

Un autre service de fact-checking qui sert à discréditer les oppositions aux discours officiels.

Rudy Reichstadt

Il est le fondateur et directeur du site de référence ConspiracyWatch.info (qui analyse de manière critique les contenus complotistes) et Thomas Huchon, rédacteur en chef de Spicee.

Un exemple typique de dénigrement et d'attaque ad hominem à lire : Conspiracywatch[54]

Comme vous le constaterez par vous-même, tout est parsemé d'attaques sur la forme. Mais aucune analyse sur le fond des déclarations de Pierre Chaillot. Pourquoi ne pas faire une contre-analyse des chiffres présentés, preuves à l'appui, de ceux de Pierre Chaillot pour un débat intelligent ? Tout simplement parce que leur travail n'est pas d'établir ou de rétablir une vérité,

mais de dénigrer et d'anéantir ceux qui ne pensent pas « comme il faut ».

Mon avis sur les vérificateurs

Lutter contre la désinformation est une noble entreprise. Les mensonges, la manipulation et la désinformation doivent être combattus, mais pas au prix de la liberté d'expression.

---

[51] Source : https://www.francesoir.fr/societe/onde-de-choc-au-sein-des-reseaux-du-fact-checking-que-se-derriere-disparition-fact-and-furious

[52] Source : https://www.nexus.fr/actualite/news/scandale-fact/

[53] Source : https://www.youtube.com/watch?v=FHWOOizxjRY

[54] Source : https://www.conspiracywatch.info/pierre-chaillot-itineraire-dun-best-seller-covido-sceptique.html

En effet, sous prétexte de lutter contre la désinformation, de nombreuses scènes de dénigrement et de harcèlement ont eu lieu contre ceux qui s'opposent à la pensée dominante.

Il est vrai que l'opinion publique peut être manipulée, mais ce n'est pas le seul danger. Les vérificateurs d'informations eux-mêmes peuvent être manipulés, que ce soit par des intérêts partisans ou idéologiques.

Malheureusement, certains vérificateurs se laissent emporter par leurs opinions et tentent de faire taire toute opposition ou analyse alternative. Leur mission semble être d'éduquer le public à penser comme eux, en imposant leur vérité ou leur dogme.

La lutte contre la désinformation se transforme en une nouvelle forme de censure.

Des vérificateurs d'informations, qui se présentent souvent comme des défenseurs de la vérité, utilisent leur pouvoir pour discréditer les personnes qui s'opposent à leur idéologie.

Ces vérificateurs présentent les faits ou les informations de manière subjective, ce qui peut empêcher un véritable débat. En outre, ils n'hésitent pas à utiliser des attaques personnelles et des termes péjoratifs pour discréditer leurs adversaires. Cette situation est dangereuse, car elle menace la liberté d'expression et la diversité des opinions.

Pour avoir effectué de nombreuses recherches sur le sujet, il est devenu évident que le procédé utilisé par les vérificateurs pour discréditer leurs opposants idéologiques est souvent le même : l'attaque personnelle. Et ils utilisent toujours les mêmes qualificatifs tels que :

groupuscule, extrême droite, complotiste, néo-nazi, faction, néofascisme, climatosceptique, conspirationniste, antiscience, raciste, antivax et complosphère.

Ou toutes autres expressions terminées par "phobes" pour disqualifier leurs adversaires.

Il est courant de voir des images avec le mot "FAUX" ou "FAKE NEWS" ou "DEBUNKED" écrits en gros caractères et en rouge, mais il est essentiel de ne pas se laisser influencer ou berner. Il est primordial de mener ses propres recherches et de ne pas se contenter de lire seulement le début des articles ou les titres, car les premières phrases peuvent semer le doute sans donner une vision complète des faits.

Pour tout comprendre du phénomène, je ne peux que vous conseiller la lecture de ces articles de France-Soir :

- Harcelosphère contre l'IHU[55]
- Maître Eolas[56]

Ces articles mettent en exergue la méthodologie utilisée. Je précise que je ne suis aucunement affilié, ni même abonné à France-Soir. En novembre 2022, France-Soir a perdu son statut de service de presse en ligne, qui lui donnait notamment la possibilité de bénéficier d'aides publiques et d'avantages fiscaux (décision de la Commission paritaire des publications et agences de presse). La raison ? Depuis des années, il relayait des thèses complotistes notamment liées à la pandémie de COVID-19.

Mais lors de mes recherches à travers de nombreux sites internet et d'articles de presse, j'ai sélectionné en majorité ceux de France-Soir, car ils étaient à mon sens les plus pertinents, les plus travaillés et les mieux argumentés.

Mais il est vrai qu'un journal qui mène des investigations, ose sortir des sentiers battus en ne se contenant pas de relayer les brèves de l'Agence France-Presse est dangereux pour la caste dirigeante et son discours. D'où son dénigrement régulier en le nommant « blog d'actualités » par ses opposants.

Problème de temporalité

Une autre difficulté que rencontrent les fact-checkers est de travailler avec la temporalité. En effet, de nombreuses théories dénoncées et classifiées comme fausses se sont révélées exactes des mois, voire des années après avoir été dénigrées.

Quelques exemples (non exhaustifs) :

- La théorie du grand remplacement unanimement dénoncée par les plus grands médias comme étant une théorie conspirationniste d'extrême droite. Mais plus tard,

---

[55] Source : https://www.francesoir.fr/societe-faits-divers/la-harcelosphere-contre-lihu-mediterranee-et-le-professeur-raoult-de-lobscene
[56] Source : https://www.francesoir.fr/societe-sante/maitre-eolas-propos-insultants-entorse-code-deontologie-avocats

quand Jean-Luc Mélanchon parle de « créolisation » ou qu'Emmanuel Macron parle de « transition démographique », ce n'est plus une théorie. Les mots changent, mais la thèse reste la même.

- Le contenu de l'ordinateur de Hunter Biden.
- Le nuage de Tchernobyl qui devait s'arrêter à la frontière française.
- Le scandale de l'amiante qui, au début, était nié.
- L'affaire du sang contaminé.
- La théorie du genre, qui n'était qu'une thèse complotiste et qui, aujourd'hui, est enseignée à l'école.
- Les effets secondaires des vaccins dénoncés par certains qui étaient immédiatement honnis.

Pour vous rendre compte de ce qu'est un fait soi-disant vérifié et démonté par la suite, lisez l'article suivant :

France Soir - l'arnaque des fact-checkers[57]

Mais malheureusement, comme souvent, lorsque la réponse est apportée ou la vérification frauduleuse avérée, la presse est déjà passée à un autre sujet. L'émotion et l'effervescence des médias ne sont alors plus qu'un lointain souvenir. La correction, souvent inexistante, n'a alors pas du tout la même portée médiatique.

Rappel sur les textes garantissant la liberté d'expression

La liberté d'expression est considérée comme l'un des fondements de la société démocratique, un droit fondamental. Mais cette liberté n'est plus de mise et n'est plus respectée. Tout comme le secret médical depuis le COVID-19, cette liberté d'expression et de diversité d'opinions est réduite à néant. Pourtant, ne sommes-nous pas dans le pays « des droits de l'Homme et du citoyen » ?

---

[57] Source : https://www.francesoir.fr/opinions-tribunes/larnaque-des-fact-checkers-pierre-de-decoder-leco-repond-aux-attaques

La liberté d'opinion et d'expression

*« **La liberté d'opinion et d'expression** est l'une des premières libertés politiques et elle fait partie des libertés fondamentales de toute personne. Au niveau individuel, la liberté d'expression est indispensable pour le développement et l'épanouissement de chaque individu. **En effet, c'est en échangeant librement des informations et des opinions** que les individus parviennent à comprendre le monde dans lequel ils vivent. **La libre circulation des idées** permet la recherche de la vérité et l'approfondissement du savoir, la participation aux processus de prise de décision. Sans liberté d'expression, il ne peut donc pas y avoir de démocratie. En effet, **la liberté du débat** permet aux citoyens de se forger une opinion sur les partis qui se présentent aux élections, de prendre des décisions en toute connaissance de cause et d'exercer plus efficacement leurs devoirs de citoyen. **Elle leur permet également de faire connaître aux autorités ce qu'ils pensent et celles-ci peuvent alors répondre à leurs préoccupations.** Elle est indispensable à la stabilité et à la flexibilité de la société. »*[58]

La Cour européenne des droits de l'homme (art. 10)

*« **Chacun a le droit de dire et d'écrire ce qu'il pense**, et de recevoir ou de communiquer des informations. Ce droit englobe la liberté de la presse. La liberté d'expression est l'un des fondements majeurs d'une société démocratique. Véritables « chiens de garde publics », les médias doivent être particulièrement protégés.*

*Sont notamment concernés **le droit de formuler des critiques, le droit d'émettre des hypothèses et des jugements de valeur**, ainsi que le droit d'avoir des opinions. Le discours politique et les débats sur des*

---

[58] Source : https://www.reseau-canope.fr/fileadmin/user_upload/Projets/Je_dessine/pdf/Jedessine_LiberteExpression.pdf

questions d'intérêt général jouissent d'une protection renforcée par rapport aux autres formes de liberté d'expression. La liberté d'expression politique joue en effet un rôle essentiel en matière électorale. »

La Déclaration des droits de l'homme et du citoyen de 1789

- **Article 10 :** Nul ne doit être inquiété pour ses opinions, même religieuses, pourvu que leur manifestation ne trouble pas l'ordre public établi par la loi.

- **Article 11 :** La liberté d'expression est une liberté fondamentale. **La libre communication des pensées et des opinions** est un des droits les plus précieux de l'homme ; tout citoyen peut donc parler, écrire, imprimer librement, sauf à répondre de l'abus de cette liberté dans les cas déterminés par la loi.

La Déclaration universelle des droits de l'homme de l'ONU en 1948 :

« Tout individu a droit à la liberté d'opinion et d'expression, ce qui implique le droit de ne pas être inquiété pour ses opinions et celui de chercher, de recevoir et de répandre, sans considération de frontières, les informations et les idées par quelque moyen d'expression que ce soit. »

Le Conseil constitutionnel français en 1994

« La liberté d'expression est une liberté fondamentale d'autant plus précieuse que son existence est une des garanties essentielles du respect des autres droits et libertés. »

La charte de Munich

Je pense que certains journalistes devraient imprimer, relire ou afficher cette charte sur leur frigo. Épine dorsale de leur profession, elle est aux journalistes ce que le serment d'hyprocrate est aux médecins. Beaucoup ont dû l'oublier et il est important d'en extraire l'essentiel.

Qu'est-ce que la charte de Munich ?

La Charte de Munich, ou Déclaration des devoirs et des droits des journalistes est une déclaration de principes adoptée par la Fédération européenne des journalistes (FEJ) le 24 novembre 1971 à Munich. Elle établit un ensemble de normes et de valeurs éthiques que les journalistes sont appelés à respecter dans l'exercice de leur profession.

La Charte de Munich est composée de deux parties principales :

• **Les devoirs des journalistes** qui comprennent notamment le respect de la vérité, la défense de la liberté d'expression, le respect de la vie privée, la rectification des erreurs et le secret professionnel.

• **Les droits des journalistes** qui comprennent notamment le libre accès aux sources d'information, le droit d'enquêter librement, le droit de s'exprimer librement et le droit à la protection de leur sécurité.

Les devoirs des journalistes sont les suivants :

• **Respecter la vérité :** les journalistes doivent s'efforcer de présenter une information exacte et objective, même si celle-ci est désagréable ou impopulaire. Ils doivent vérifier leurs sources et leurs informations, et ils doivent être transparents sur leurs méthodes.

• **Défendre la liberté d'expression :** les journalistes doivent défendre la liberté d'expression, qui est un droit fondamental de toute société démocratique. Ils doivent s'opposer à toute forme de censure ou de restriction à la liberté de la presse.

• **Respecter la vie privée :** les journalistes doivent respecter la vie privée des personnes, sauf si elles sont impliquées dans une affaire d'intérêt public. Ils doivent éviter de publier des informations qui pourraient porter atteinte à la réputation ou à la sécurité des personnes.

• **Rectifier les erreurs :** les journalistes doivent rectifier toute information publiée qui se révèle inexacte. Ils doivent le faire rapidement et de manière visible, afin de rétablir la vérité.

- **Garder le secret professionnel :** les journalistes doivent respecter le secret professionnel, c'est-à-dire la confidentialité des sources d'information. Ils ne doivent pas divulguer l'identité de leurs sources sans leur consentement, sauf si cela est nécessaire pour protéger le public ou pour faire éclater la vérité.

Les droits des journalistes sont les suivants :

- **Libre accès aux sources d'information :** les journalistes ont le droit d'accéder librement aux sources d'information, y compris aux documents publics et aux personnes.

- **Droit d'enquêter librement :** les journalistes ont le droit d'enquêter librement sur tous les faits qui conditionnent la vie publique.

- **Droit de s'exprimer librement :** les journalistes ont le droit de s'exprimer librement, sans censure ni restriction.

- **Droit à la protection de leur sécurité :** les journalistes ont le droit à la protection de leur sécurité, y compris de la protection contre les représailles.

Posez-vous la question sur la façon dont sont traités les sujets majeurs d'actualités par les journalistes. Vous constaterez l'impartialité évidente de nombre d'entres-eux qui manipulent la vérité (parfois par omission) pour servir leur propagande (ou celle du gouvernement) ou leur idéologie sous couvert d'information. Rajoutez à cela le manque de pluralité d'opinions en n'invitant sur leur plateau que des « experts » ou autres « spécialistes » n'allant que dans leur sens, et ce, quel que soit le sujet traité.

Conclusion

Que peut-on dire des différents sites et services de vérifications ?

Quel que soit le sujet abordé ou ce que vous pouvez lire ou entendre, ne prenez pas pour argent comptant ce qu'on vous raconte. Faites les vérifications par vous-même, multipliez les sources d'informations et ne vous laissez pas enfermer par la doxa. Restez ouverts, débattez, gardez votre esprit critique et faites l'effort intellectuel de vous poser des questions. N'ayez pas peur de poser des questions, de vous poser des questions et de faire part de vos doutes autour de vous. Battez-vous et ne vous laissez pas faire, même si vous êtes minoritaire à ce moment-là.

Un dernier conseil : avant de lire un journal, vérifiez qui paye l'encre.

10

Les médias et les réseaux sociaux, antichambre de la pensée unique ?

Introduction

La pandémie de COVID-19 a mis en lumière deux problèmes croissants dans la diffusion de l'information : la censure de contenus qui encouragent ou dénoncent la non-vaccination sur les réseaux sociaux et le militantisme de certains journalistes.

Les réseaux sociaux ont joué un rôle important dans la diffusion de l'information sur la pandémie, notamment en permettant aux personnes d'exprimer leurs opinions et de partager des informations.

Mais sous couvert de lutter contre la désinformation, les réseaux sociaux ont alors adopté des mesures de modération plus strictes, qui ont conduit à la suppression de nombreuses vidéos qui encourageaient ou dénonçaient la non-vaccination. De nombreuses atteintes à la liberté d'expression ont été constatées et des comptes ont été fermés.

Le journalisme est également confronté à un problème de militantisme. Certains sont engagés dans des causes politiques ou sociales, ce qui peut biaiser leur travail. Ce militantisme peut conduire à la publication de faits erronés, tronqués ou à l'omission d'informations importantes, mais également nuire à la crédibilité du journalisme. Certains ont complètement oublié la charte de Munich dans leur travail qui est pourtant la garante pour les citoyens d'un accès à des informations fiables et impartiales. Et leur rappeler serait faire le jeu de « l'extrême droite ». Ah bon ?

Financement de la presse

Le montant total des aides à la presse prévu par la loi de finances pour 2022 atteint 179,2 millions d'euros (chiffres disponibles sur le site du Sénat). Plus de la moitié des aides sont concentrées sur l'aide à la diffusion.

Avec ces subventions si généreuses de la part de l'État pour les médias, il est légitime de se demander comment les journalistes peuvent être indépendants dans leur travail, en plus de vouloir faire dans le sensationnel pour la recherche lucrative de l'audimat. [59]

Censure, bien-pensance et propagande

La stratégie de la censure et de la désinformation

Les médias et les réseaux sociaux ont exercé un rôle prépondérant dans la propagation de la propagande d'État, en adoptant une stratégie sournoise mêlant censure et désinformation. Cette manœuvre calculée avait pour objectif de priver la population d'un accès à une information équitable, équilibrée et contradictoire.

Initialement, les médias ont procédé à la suppression sélective de messages, vidéos sur les réseaux sociaux, ainsi que d'articles et de reportages au sein des médias traditionnels. Cette censure s'est focalisée principalement sur des sujets sensibles, tels que les critiques envers le gouvernement ou les théories alternatives concernant la pandémie de COVID-19.

Parallèlement, les médias ont amplifié la diffusion de désinformation, propageant des informations fausses ou trompeuses. Sous l'apparence fallacieuse de « faits » ou de « consensus scientifiques », cette désinformation visait à discréditer toutes voix discordantes envers le gouvernement, tout en promouvant sa propre vision des événements, en négligeant ou en discréditant les informations relatives à des traitements alternatifs. Cette stratégie perfide de censure et de désinformation a été l'instrument essentiel dans l'établissement de la propagande d'État.

L'impact néfaste de la stratégie de censure et de désinformation adoptée par les médias et les réseaux sociaux se fait ressentir sur la démocratie, privant la population d'un accès à une information libre et objective.

---

[59] Source :
https://fr.wikipedia.org/wiki/Ordonnances_de_1944_sur_la_libert%C3%A9_de_la_presse

Mais quelle est cette propagande ? Comment peut-on la définir ?

Définition et étapes de la propagande

- **Désinformation :** réduire au silence et frapper d'ostracisme tout ce qui n'est pas officiel.

- **Détournement des statistiques :** les chiffres peuvent être manipulés, tout comme leur interprétation.

- **La fabrique du consentement :** la population, dont l'information officielle et acceptable est passée à travers un entonnoir, n'a pas d'autre choix que d'être d'accord.

- **Aucun débat démocratique :** car débattre, de façon démocratique, c'est prendre le risque d'entendre des arguments censés, mais non admis.

- **Complot :** tout ce qui n'est pas dans la doxa est cantonné au complotisme.

Je ne peux que vivement vous conseiller la lecture du livre suivant :

Propagande, la manipulation de masse dans le monde contemporain, de David Colon.

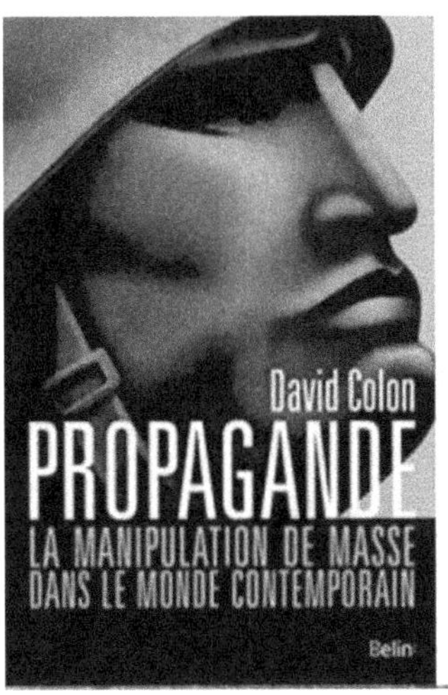

- Discréditer l'adversaire
- Prétendre servir l'intérêt général
- Mettre la science dans sa poche
- Donner l'impression d'avoir l'opinion de son côté
- Faire peur aux consommateurs
- Faire diversion
- Gagner les experts et décideurs à sa cause
- Influencer les journalistes

Alexis Haupt, philosophe

Certains, comme Alexis Haupt, ne sont pas dupes. Ce philosophe a même inventé un mot pour combattre ce mécanisme de censure qui ne dit pas son nom.

Le complosophisme : fait de coller l'étiquette de « complotiste » sur quiconque remet en question le discours officiel pour ne pas avoir à débattre de ses arguments. C'est la censure du 21e siècle.

D'après Mme Anne Morelli, historienne belge, spécialisée dans l'histoire des religions et des minorités

Dans son livre *Principes élémentaires de propagande de guerre : utilisables en cas de guerre, chaude ou tiède…*, elle déclare à propos de la propagande :

« On n'a pas utilisé les armes, mais il y a une mobilisation de l'opinion publique qui est très semblable à la mobilisation qu'on utilise lorsqu'il y a une guerre chaude. Dans ce cas-là, il doit y avoir une unanimité derrière le gouvernement. Il ne peut pas y avoir de dissidence, il ne peut plus y avoir de liberté de la presse, de liberté d'expression, parce qu'il y a une cause tellement importante que nous devons tout sacrifier à la victoire de cette cause. Que ce soit la télévision, que ce soit la radio, les médias imprimés, ils ont tous participé à cette même campagne et on ne peut pas se permettre d'avoir des opinions différentes. »[60]

- Plus d'informations sur les « complots » :
Documentaire indépendant du réalisateur belge Bernard Crutzen « Ceci n'est pas un complot »[61]

---

[60] Source : https://odysee.com/@filledevison:8/Ceci-n%27est-pas-un-complot:9a
[61] Source : https://odysee.com/@filledevison:8/Ceci-n%27est-pas-un-complot:9a?r=HZx58ZMCPQv8HbLysvKyaQBme2tM27uo

La censure et le mépris des médias

Par les médias mainstream

Quelques exemples du jugement honteux de médias publics (subventionnés par nos impôts) sur des livres et des déclarations qui allaient à l'encontre de la doxa.

Le dossier de L'Express - Les antivax ont tout faux

Piqûre qui rend stérile ou amputé, molécule toxique pour l'homme, effets secondaires gravissimes... On pourrait sourire des balivernes répétées par les antivax. On aurait tort. Car il est devenu impossible de le nier : ces irréductibles ont du sang sur les mains. Si la formulation peut paraître brutale, la situation aux Antilles le montre dramatiquement. D'autant que l'apparition des variants oblige à atteindre un taux de vaccination extrêmement haut pour espérer endiguer l'épidémie. Leur discours échoue pourtant à convaincre largement : fin août, plus de 83% des Français ont déjà bénéficié d'une injection. Dans cette lutte face au virus, les anti-passe sanitaire devront assumer leurs responsabilités. Car, derrière leur rhétorique sur la liberté individuelle, ne retrouve-t-on pas quasi-invariablement une obsession pour le vaccin ?

Antivax, complotisme et extrême droite : les liaisons dangereuses

ENQUÊTE. L'extrême droite et la sphère complotiste ont phagocyté la mouvance antivax. La contestation de la vaccination est le symbole du rejet des institutions.

IRL – Influence des radicalités en ligne
Complotistes, covidosceptiques et militants anti-avortement font croisade commune sur le Net

Article réservé aux abonnés

La pandémie de Covid-19 en France dossier ▾

Sur YouTube, Twitter ou Facebook, des influenceurs issus de mouvances d'extrême droite, complotistes ou covidosceptiques font preuve d'une propagande intensive contre l'avortement. Un soutien non négligeable pour les associations anti-IVG.

franceinfo - L.-L. Dao, A. Gras, S. Terragno
France Télévisions

Plusieurs livres covidosceptiques réalisent de grosses ventes. Parmi eux, le dernier ouvrage d'Alexandra Henrion-Caude, ex-généticienne, qui assure que le vaccin à ARN messager est beaucoup plus dangereux que le virus lui-même.

Début mars, *"Les Apprentis Sorciers"* de l'ex-généticienne Alexandra Henrion-Caude s'est écoulé à 15 000 exemplaires en quelques jours. Elle y fustige le vaccin à ARN messager, l'accusant d'être 98 fois plus dangereux que le Covid-19 et de modifier notre patrimoine génétique. *"Cette injection, non reconnue comme étrangère, va donc rentrer son code génétique chez vous"*, déclarait-elle dans un entretien.

Fort succès des livres covidosceptiques

Un discours critiqué par la communauté scientifique, qui lui reproche ses erreurs d'interprétation et l'usage d'études douteuses. Sa maison d'édition, Albin Michel, interrogée par L'Express, estime que *"la science comme la démocratie doivent pouvoir s'exercer dans la contradiction et la liberté d'expression"*. Plusieurs autres ouvrages critiques de la vaccination et covidosceptiques rencontrent un fort succès. Pour le journaliste Thomas Huchon, *"il y a quelque chose qui est un peu de l'ordre de l'action militante. Quand on adhère à une théorie du complot [...], il y a souvent un engagement. Là, il y a une manière de soutenir les personnes que vous croyez ou que vous suivez sur les réseaux sociaux"*.

Il ne s'agit que de quelques articles parmi tant d'autres permettant de révéler le ton et l'austérité mise en œuvre par une bonne partie des médias assimilant tout ce qui était contraire au message d'État aux pires qualificatifs.

Par les réseaux sociaux

Mars 2020 - Les géants d'internet s'unissent contre la désinformation

Facebook, Google, LinkedIn, Microsoft, Reddit, Twitter et YouTube

Plusieurs géants de l'internet ont annoncé leur intention de collaborer pour lutter contre la désinformation sur le COVID-19. Dans une déclaration commune, les entreprises ont déclaré qu'elles s'engageaient à *« aider des millions de personnes à rester connectées tout en combattant conjointement la fraude et la désinformation sur le virus »*.

Les entreprises ont précisé qu'elles prendraient une série de mesures pour lutter contre la désinformation, notamment :

- **Augmenter la visibilité du contenu faisant autorité**, en mettant en avant les informations provenant de sources fiables, telles que l'Organisation mondiale de la santé (OMS).
- **Développer des outils pour identifier et supprimer la désinformation**, telle que des algorithmes de détection des fausses informations.
- **Renforcer la coopération avec les autorités sanitaires**, en partageant des informations et en collaborant à la diffusion de messages de santé publique.

Entendons-nous bien : la désinformation correspond à toutes les informations, les faits, les déclarations et hypothèses dont les gouvernements et les instances officielles ne sont pas à l'origine.

YouTube

YouTube a annoncé qu'il ne monétisait plus les vidéos anti-vaccin et supprimera les publicités associées à ces vidéos. Amazon a également supprimé de son catalogue plusieurs documentaires « complotistes » sur la vaccination. [62]

Facebook

Pour lutter contre les fake news, Facebook a mis en place un partenariat avec cinq fact-checkers français (dont Libération), dont le but est de signaler des articles très partagés sur les réseaux sociaux et de procéder à des « vérifications » ou plutôt à un filtrage par les médias français.

Facebook a également annoncé qu'il prendra des mesures pour limiter la diffusion de fausses informations sur les vaccins, notamment en diminuant la visibilité des groupes et des pages publiant ce type d'information. [63]

Google

Voici le message souvent affiché pour des articles ou des sites signalés comme « complotistes » :

« Google interdit les contenus provenant de sites qui contredisent le consensus scientifique ou médical, ainsi que les pratiques éprouvées. »

Google a annoncé qu'il avait installé une équipe 24 heures sur 24 pour supprimer les informations erronées du résultat de son moteur de recherche et de YouTube. Le géant d'internet a promis de rediriger les utilisateurs cherchant des informations sur le coronavirus vers le site de l'OMS et d'autres organismes officiels de santé.

Fin mars 2020, **YouTube**, **Facebook** et **Twitter** ont retiré des contenus de Jair Bolsonaro, président d'extrême droite du Brésil, pour désinformation sur le COVID-19. Ces contenus incluaient des éloges de l'hydroxychloroquine, des affirmations selon lesquelles le virus était un *« fantasme »* ou une *« petite grippe »* et des critiques des mesures de santé publique.

Cette décision a été prise dans le cadre d'une initiative plus large de lutte contre la désinformation sur le COVID-19 qui a également visé des personnalités politiques et des groupes jugés comme complotistes à cette période.

Janvier 2021

---

[62] Source : https://fr.wikipedia.org/wiki/Controverse_sur_la_vaccination
[63] Source : https://about.fb.com/fr/news/2021/03/mark-zuckerberg-annonce-les-mesures-de-facebook-pour-aider-les-gens-a-se-faire-vacciner-contre-le-covid-19/

Google News Initiative lance un fonds d'une valeur de 3 millions de dollars afin de lutter contre la désinformation sur le vaccin du COVID-19. [64]

Twitter

Twitter dit qu'il supprimera les messages qui *« pourraient entraîner une panique générale, des troubles sociaux ou des désordres à grande échelle. Mais cela pourrait concerner n'importe quel message »*, a prévenu Dan Gainor, le vice-président du groupe conservateur d'analyse de contenus Media Research Center, à Fox News.

Il ajoute :

« Twitter a servi d'agence de presse pour diffuser des photos et des vidéos d'actualité du monde entier. Maintenant, ce réseau social veut restreindre ces informations, c'est une règle que seul un dictateur pourrait apprécier. » [65]

La censure décidée de façon unilatérale a déjà frappé certains médias

Russia Today et Sputnik

En réponse à l'invasion de l'Ukraine par la Russie en 2022, l'Union européenne a interdit la diffusion des médias d'État russes RT et Sputnik sur son territoire.

Cette mesure a été justifiée par la nécessité de lutter contre la propagande et la désinformation russe.

Rumble

La plateforme de vidéos Rumble a été bloquée en France le 1er novembre 2022, à la demande du gouvernement français. Cette décision a été prise en raison de la diffusion de contenus de propagande russe sur la plateforme.

Rumble est une plateforme de vidéos qui se présente comme une alternative non modérée à YouTube.

---

[64] Source : https://business.ladn.eu/news-business/actualites-media/google-fonds-lutte-contre-desinformation-vaccins-covid/

[65] Source : https://www.france24.com/fr/20200428-th%C3%A9ories-du-complot-et-fake-news-combattre-l-infod%C3%A9mie-de-covid-19

rumble

NOTICE TO USERS IN FRANCE

Because of French government demands to remove creators from our platform, Rumble is currently unavailable in France. We are challenging these government demands and hope to restore access soon.

Ils ne veulent pas que vous vous informiez pour forger votre propre opinion. Au contraire, ils veulent instaurer un ministère de la vérité, séparer les gens et les empêcher de se structurer.

Les médias utilisés par le gouvernement pour lâcher des ballons d'essai

Les médias sont souvent accusés de faire le jeu du gouvernement. Une accusation qui n'est pas toujours infondée, comme le montre cette pratique consistant à tester la réaction du public avant de prendre une nouvelle mesure.

Sous couvert d'avis scientifiques éclairés ou d'experts bien pensants, les médias posent des questions sur des sujets divers et variés. Ces questions, souvent saugrenues et que les Français n'ont même pas envisagées, sont en fait des ballons d'essai.

Le gouvernement utilise ces ballons d'essai pour tester la réaction du public. Si la réaction est favorable, le gouvernement peut alors envisager de mettre en place la mesure envisagée. Si la réaction est défavorable, le gouvernement peut alors la retirer, la modifier ou la reporter.

Cette pratique est particulièrement courante pour des sujets sensibles, comme le logement, la propriété, la fiscalité ou la taxe carbone.

Accueil > Santé

Et si, pour vaincre le coronavirus, il fallait rester confinés plusieurs mois ?

MARGAUX BARALON · 21h01, le 18 mars 2020, modifié à 13h51, le 19 mars 2020

Plusieurs scientifiques estiment qu'un confinement poussé, comme celui que la France a mis en place cette semaine, est efficace pour lutter contre la propagation du coronavirus. Ils soulignent également que son arrêt pourrait entraîner une résurgence des contaminations. Et qu'il faudrait donc, en théorie, rester (très) longtemps confinés.

L'exemple de la taxe carbone est particulièrement illustratif. En 2023, le gouvernement a envisagé de mettre en place une taxe carbone sur les produits alimentaires. Pour tester la réaction du public, le gouvernement a relayé des articles dans les médias, posant des questions sur la pertinence d'une telle mesure.

Les réactions ont été majoritairement négatives. Le gouvernement a alors décidé de retirer la mesure.

Les conflits d'intérêts sur les plateaux de télévision

Pourquoi les intervenants (médecins, experts en tout genre…) n'ont-ils jamais indiqué leurs conflits d'intérêts avant d'être interrogés sur les plateaux de télévision ? Pourquoi les médias ne posent-ils pas cette simple question : « avez-vous des conflits d'intérêts ? » Ou « avez-vous des liens avec des laboratoires pharmaceutiques ? » avant de poser la moindre question d'ordre médical ou sanitaire. Des liens qui menacent clairement leur indépendance et biaisent leur jugement. La loi, bien que limpide, demeure largement ignorée.

Article L. 4113-13 du code de la santé publique.

Cet article stipule que les médecins ayant des liens avec une entreprise produisant des produits de santé sont *« tenus de faire connaître ces liens »* quand ils s'expriment sur ces produits lors d'une manifestation publique, d'un enseignement universitaire ou dans la presse écrite ou audiovisuelle.

Certaines associations veillent, mais leur action semble avoir une portée limitée.

En novembre 2017, l'association E3M (qui milite contre l'utilisation de l'aluminium dans les vaccins) a poursuivi devant l'Ordre le docteur Cohen à la suite d'interviews sur France Info puis RTL. **Et pour la première fois, un médecin qui n'a pas déclaré ses liens d'intérêts a été sanctionné.** La chambre disciplinaire du Conseil de l'ordre des médecins a émis un avertissement à l'encontre d'un expert pour ne pas avoir mentionné ses liens d'intérêts avec les fabricants de vaccins lors de ses interventions dans les médias. Cet expert, le **pédiatre Robert Cohen**, qui coordonne le réseau Infovac, une association qui propose informations et conseils sur les vaccinations, avait ainsi « oublié » de déclarer avoir perçu de plusieurs laboratoires **57 730 euros depuis 2012**. Ces laboratoires sont en premier lieu les producteurs de vaccins Pfizer, MSD, GSK et Sanofi, selon EurosForDocs, qui reprend les données de la base Transparence Santé. [66]

---

[66] Source : https://basta.media/Pour-la-premiere-fois-un-medecin-qui-n-a-

Combien sont-ils dans ce cas ? Combien de ce qu'on appelle les *Youngs opinion leader* sont-ils à être payés, notamment dans des paradis fiscaux sans que personne ne le sache ?

Mais le narratif commence à changer...

Janvier 2023

Mark Zuckerberg (Facebook, Instagram, WhatsApp) :

« Malheureusement, je pense que l'establishment sur ça (la désinformation durant le COVID) a en quelque sorte tergiversé sur un certain nombre de faits et a demandé qu'un certain nombre de choses soient censurées, qui, avec le recul, étaient débattables ou vraies. Ces trucs-là sont vraiment difficiles, non ? Ça sape vraiment la confiance. »

Juillet 2023

Le gouvernement américain reconnaît avoir censuré les réseaux sociaux sur l'origine humaine du virus du COVID-19. [67]

Des liens avérés ont été révélés par les tweeter files entre la CIA et les réseaux sociaux. [68] [69]

Conclusion

Les journalistes, qui doivent remettre en doute, rapporter des faits sans les juger, ne font plus preuve de curiosité. Ils se contentent de faire du copier-coller des dépêches de l'Agence France Presse, sans comprendre en restant dans le politiquement correct.

Ils répètent des informations non vérifiées dans un but propagandiste et pour nuire à votre capacité de réflexion.

Ce qu'avait dit Patrick Le Lay (Président Directeur général de TF1 de 1988 à 2008) dans son livre *Les dirigeants face au changement*, paru en 2004 est toujours vrai aujourd'hui :

---

pas-declare-ses-liens-d-interets-est

[67] Source : https://pgibertie.com/2023/07/29/le-gouvernement-americain-reconnait-avoir-censure-les-reseaux-sociaux-sur-lorigine-humaine-du-virus-de-la-covid-quattendent-les-parlementaires-en-france-pour-exiger-la-verite/

[68] Source : https://www.middleeasteye.net/fr/opinionfr/etats-unis-twitter-files-manipulation-reseaux-sociaux-fbi-cia-pentagone-influence-politique

[69] Source : https://znetwork.org/fr/znetarticle/comment-les-r%25C3%25A9seaux-sociaux-sont-devenus-une-filiale-du-fbi-et-de-la-cia/

« Ce que nous vendons à Coca-Cola, c'est du temps de cerveau humain disponible. »

Il en est de même pour l'actualité relayée par les journalistes : votre crâne est une boîte vide qu'il faut remplir d'informations digérées et orientées. La répétition de leurs messages/informations anxiogènes permet aux chaînes d'information de faire de l'audience et donc d'assurer de meilleurs revenus publicitaires. Et tout ce qui pourrait remettre en question cette toute-puissance est balayé.

Alors, ne prenez pas pour argent comptant ce que vous entendez ou voyez. Multipliez les sources d'informations, faites confiance à votre capacité de jugement, soyez curieux et prenez du recul.

Les chiffres de la grippe qui ne questionnent pas les médias

Introduction

Fin d'automne, les hôpitaux sont toujours saturés pour des affections respiratoires en soins intensifs, notamment à cause de l'arrivée de la grippe hivernale.

Tous les ans, nous voyons la même chose signalée par la direction des hôpitaux : manque de moyens, de lits, de financement et de personnel. Et en bout de chaîne, les patients qui trinquent avec pour conséquence des risques supplémentaires de mourir.

Grippe (2017) : tension dans 142 hôpitaux et déjà l'annonce d'un lourd bilan [70]

L'arrivée du COVID n'a pas échappé à la règle, mais les chiffres en corrélation avec la grippe sont surprenants. Regardez donc.

Synthèse des données sur la grippe en France de 2015 à 2023

Chiffres officiels :

- Source : Santé publique France

---

[70] Source : https://sante.lefigaro.fr/article/grippe-tension-dans-142-hopitaux-et-deja-l-an-nonce-d-un-lourd-bilan/

• Données : Bulletin épidémiologique hebdomadaire de Santé publique France
• Voir également les données du GEIG (Groupe d'Expertise et d'Information sur la Grippe). [71]

Année	Cas de grippe	Surmortalité grippe
2015-2016	1,2 million	18 300
2016-2017	1,7 million	20 000
2017-2018	1,7 million	20 000
2018-2019	**1,2 million**	**12 000**
2020-2021	**1,5 million**	**8 100**
2021-2022	**1,9 million**	**9 000**
2022-2023	1,7 million	14 400

Un coup d'œil rapide et d'un non-expert permet d'éveiller la curiosité. Regardez l'année d'arrivée du COVID : la surmortalité due à la grippe a quasiment diminué de moitié. Pourquoi à votre avis ?

Plusieurs éléments de réponse sont possibles. Peut-on avancer que de nombreux cas de grippe ont été étiquetés « COVID » ? N'est pas un statisticien qui veut, c'est un métier. Je ne peux que vous conseiller la lecture du livre de Pierre Chaillot *COVID-19, ce que révèlent les chiffres officiels.*

---

[71] Source : http://www.grippe-geig.com/bilans-saisons-precedentes.html

Les autres bilans non mis en avant

À regarder de plus près les autres chiffres des pandémies les plus meurtrières de l'Histoire (chiffres de l'OMS), cela permet de relativiser l'importance de cette crise COVID, mais surtout de se rendre compte de la différence entre l'hystérie médiatico-politico-scientifique et la réalité des chiffres.

Épidémie	Année	Agent infectieux	Nbre de morts estimé
Peste noire	1347-1353	Bacille Yersinia pestis	75-200 millions
Peste de Justinien	541-549	Bacille Yersinia pestis	30-50 millions
Grippe espagnole	1918-1919	Virus Influenza A	40-50 millions
Variole	1500-1980	Virus Variola major	300-500 millions
SIDA	1981-présent	Virus VIH	36 millions
COVID-19	**2020-2023**	**Virus SARS-CoV-2**	**6,3 millions**

11

Le personnel suspendu et les personnes non-vaccinées

Introduction

Lors de la pandémie de COVID-19, les Français ont applaudi chaque soir à 20 heures, depuis leurs fenêtres, pour rendre hommage aux soignants, en première ligne contre le virus. Cette initiative née en Italie, pays le plus touché par la pandémie, s'est étendue au monde entier via les réseaux sociaux. En France, les applaudissements (et bruits de casseroles) ont commencé le mardi 17 mars 2020, jour du premier confinement. Ils ont duré plusieurs mois, jusqu'au mois de juin 2020.

Au-delà des soignants, les Français ont également applaudi d'autres professions qui ont été mobilisées pendant la pandémie, notamment les caissières, les éboueurs, les enseignants, les policiers, les pompiers, etc.

Mais l'arrivée des vaccins a tout changé. Ceux qui se sont dévoués, parfois sans matériel de protection et qui étaient même dans l'obligation de venir travailler tout en étant positifs au COVID-19 ont été d'un seul coup jetés comme des malpropres.

Ceux-là mêmes qui, au service de la population, ne comptaient pas leurs heures et luttaient contre l'épidémie ont fait l'objet d'un traitement inhumain s'ils refusaient la vaccination. Ceux que l'on a nommés les « suspendus ». Mais savez-vous ce que ce terme recouvre exactement ?

Nous allons voir cela ensemble.

Les personnes suspendues

La loi promulguée (et validée par le Conseil constitutionnel) applicable « jusqu'au 15 novembre 2021 inclus » prévoit en outre une obligation vaccinale pour les soignants et d'autres professions en contact avec des publics fragiles. Ils ont jusqu'au 15 octobre 2021 pour présenter un schéma vaccinal complet. Elle instaure

En d'autres termes, les professionnels suspendus pendant le COVID-19 étaient ceux qui étaient soumis à l'obligation vaccinale et qui ne l'avaient pas respectée. Cette obligation vaccinale a été mise en place le 15 juillet 2021 pour les personnels soignants et les professionnels des EHPAD et des Unités de Soins de Longue Durée (USLD). Elle a été étendue à tous les professionnels des établissements de santé et des maisons de retraite le 24 janvier 2022.

Les professions des personnes suspendues en France pendant le COVID-19 étaient les suivantes :

- **Soignants :** médecins, infirmiers, aides-soignants, aides médico-psychologiques, personnels administratifs, techniques et logistiques des hôpitaux, etc.

- **Professionnels des EHPAD et des USLD :** aides-soignants, aides médico-psychologiques, personnels administratifs et logistiques, etc.

- **Professionnels des établissements de santé et des maisons de retraite :** personnels de nettoyage, personnels de restauration, personnels administratifs et logistiques, etc.

- **Les militaires et les pompiers :** pour eux, la mesure a été abrogée le 1er août 2022. Les policiers n'ont pas été concernés par cette mesure : selon une enquête réalisée par le ministère de l'Intérieur en septembre 2021, 87 % des policiers étaient vaccinés contre le COVID-19.

Le statut des suspendus était le suivant :

- Ils n'étaient pas autorisés à exercer leur profession.

- Situation juridique : suspension de fonctions.

- Statut professionnel : conservation du statut de fonctionnaire ou de salarié.

---

[72] Source : https://www.ouest-france.fr/sante/virus/coronavirus/pass-sanitaire/passe-sanitaire-et-vaccination-des-soignants-la-loi-est-officiellement-promulguee-9d9b3908-f67e-11eb-896e-12a37d707994

- Droits : ils ont perdu tous les droits à l'avancement, aux congés et à la retraite liés à la période durant laquelle ils étaient suspendus.
- Revenu : **AUCUN. Pas de revenu, pas d'indemnisation, pas de chômage**.

Au total, environ 15 000 professionnels ont été suspendus (estimation du ministère de la Santé en octobre 2021).

Déclaration sur les personnes suspendues

Syndicat National des Professionnels Infirmiers

« Maintenir l'obligation vaccinale COVID pour les soignants est un impératif éthique. Les soignants ont une responsabilité envers leurs patients et la société dans son ensemble de faire tout ce qui est en leur pouvoir pour protéger la santé publique. Refuser de se faire vacciner va à l'encontre de cet impératif éthique et peut avoir des conséquences graves pour la santé publique. »

« Il n'est pas acceptable de confier la santé des patients à des professionnels qui, en refusant la vaccination, expriment une méfiance importante envers la science et la médecine fondée sur des preuves. Cela irait à l'encontre des valeurs du soin et de la confiance nécessaire dans la relation de soins. La crédibilité de soignants fait barrage aux dérives et thèses conspirationnistes. » [73]

Daniel Guillerm, président de la fédération nationale des infirmiers

« Remettre en cause la vaccination obligatoire des soignants est un désastre en termes de santé publique et de message adressé à la population. C'est une décision irresponsable, qui fait le lit des antivax et hypothèque toutes les chances d'avoir une vaccination de masse de la population en cas de retour d'une épidémie de masse. »

Les représentants médicaux

L'Académie nationale de médecine a ainsi réitéré ses réticences après l'annonce du ministre.

---

[73] Source : actusoins.com

« Les prises de position parfois polémiques exprimées en faveur ou en défaveur de l'obligation vaccinale ne doivent pas faire oublier que le métier de soignant n'est pas un métier comme un autre et qu'il impose un engagement moral et respectueux du principe Primum non nocere. » [74]

L'Ordre des Kinésithérapeutes

« Le refus de se vacciner de certains professionnels de santé doit interroger sur leur compréhension de leur mission de santé publique, d'information des patients et des objectifs affichés de la vaccination quant à la protection, non pas individuelle, mais générale de la population. »

Jean-Marcel Mourgues, vice-président du Conseil national de l'ordre des médecins

Il a évoqué son *« incompréhension »* devant le vote des députés, alors que *« le COVID continue de rendre malade et de tuer beaucoup de monde. »*

Arnaud Robinet, président de la fédération hospitalière de France

« Soyons clairs : la vaccination fonctionne et reste un élément fondamental de protection des plus fragiles comme des professionnels. »

La réintégration des personnes suspendues

Après avoir été stigmatisés et ostracisés, les personnels suspendus ont été réintégrés, **sans excuses, sans indemnisation**. Comme si tout ce qui s'était passé était normal, et encore une fois, en créant une énorme polémique sur leur retour. Ils n'ont eu le droit qu'à du mépris. Les partisans de la réintégration ont avancé qu'elle était nécessaire et juste, car les personnels suspendus n'avaient pas été condamnés pour un délit ou un crime et qu'ils avaient donc le droit de retrouver leur emploi.

Certaines personnalités publiques ont manifesté leur soutien à la réintégration (et au personnel suspendu) : le

---

[74] Source : actusoins.com

comédien Pierre Niney, la **chanteuse Angèle**, le **footballeur Karim Benzema**, la journaliste **Léa Salamé**, le **philosophe Michel Onfray**, le **journaliste Éric Zemmour** et l'actrice/romancière **Anny Duperey**.

Pour les opposants à la réintégration, il s'agissait d'une décision injuste et dangereuse : elle récompensait des personnels qui avaient refusé de respecter une obligation légale et pouvait favoriser la propagation du COVID-19.

Quelques exemples de déclarations

La Fédération Hospitalière de France

« La décision de réintégration des soignants suspendus est une décision incompréhensible. Elle met en danger la santé des patients et elle peut déstabiliser les équipes soignantes. »

La Confédération des syndicats médicaux français

« La décision de réintégration des soignants suspendus est une décision irresponsable. Elle récompense des personnels qui ont refusé de respecter une obligation légale. »

L'Association française des centres de lutte contre le cancer a déclaré

« La décision de réintégration des soignants suspendus est une décision incohérente. Elle va à l'encontre des efforts de lutte contre le COVID-19. »

Quelques témoignages de personnes réintégrées

- « J'ai été suspendue pendant 16 mois. Pendant cette période, j'ai perdu mon logement, ma voiture et j'ai dû vivre de la solidarité de mes proches. Quand j'ai été réintégrée, j'étais soulagée de pouvoir retrouver mon métier, mais j'étais aussi dégoutée par ce qui s'était passé. J'ai ressenti une grande injustice et j'ai eu du mal à me réadapter à mon environnement de travail. »

- « J'ai été rétrogradé en tant qu'aide-soignant. Je suis déçu de ne pas pouvoir exercer mon métier d'infirmier. Je me sens frustré et j'ai l'impression d'avoir été puni pour mes convictions. Je suis en train de réfléchir à une reconversion. »

- « J'ai été accueillie avec froideur par ma direction et mes collègues. Je me suis sentie exclue et stigmatisée. J'ai eu du mal à me sentir à ma place, et j'ai fini par démissionner. Je ne voulais pas continuer à travailler dans un environnement où je ne me sentais pas bien. »

Si vous souhaitez plus de témoignages de personnel suspendu :

- France Soir[75]
- Le Média 442[76]

Conclusion

Depuis le 15 septembre 2021 (Art. 12 loi n° 2021-1040 du 5 août 2021) jusqu'au 15 mai 2023 (décret n° 2023-368 paru au JO le 14 mai 2023), **plus de 19 mois, soit 606 jours**.

Plus de 19 mois sans salaire et sans indemnisation, et ce du jour au lendemain ; alors qu'ils auraient pu se faire tester avant de prendre leur poste, comme cela avait été suggéré à un moment donné.

Pour avoir refusé de céder aux pressions du gouvernement, des autorités et de leur hiérarchie. Pour s'être opposés à ce chantage infâme du gouvernement qui ne voulait pas céder.

Plus de 19 mois à être traités comme des parias, parfois même par leurs propres amis ou familles.

Plus de 19 mois à devoir se débrouiller comme des rebuts de la société.

Vous rendez-vous compte de la violence de ce qu'on subit les personnes suspendues ?

Pour ceux qui n'avaient pas de réserve de trésorerie, une famille ou des amis capables de les aider financièrement, cela revenait à les laisser crever. Ce système pervers à tout fait pour les obliger à se faire injecter le vaccin.

Malgré la réintégration, dégoutés de leur traitement et selon une étude réalisée par la Fondation Jean Jaurès, environ 10 %

---

[75] Source : https://www.francesoir.fr/societe-sante/suspendus-les-professionnels-de-sante-sans-salaire-depuis-le-15-septembre-2021
[76] Source : https://lemediaen442.fr/15-septembre-2022-depuis-un-an-ils-sont-suspendus-sans-salaire-sans-chomage-voici-240-temoignages-dexclus-de-la-societe/

des professionnels de santé suspendus en France ont démissionné après leur réintégration. Les démissions les plus fréquentes ont concerné les personnels qui avaient été rétrogradés, ceux qui n'étaient pas satisfaits de leurs conditions de travail et les personnels qui ont trouvé un nouvel emploi.

Ressources documentaires :

Documentaire : *Suspendus… Des soignants entre deux mondes*

- https://soignants-suspendus.fr/

12

Les déclarations médiatiques contre les personnes non-vaccinées et discriminations

Introduction

Au moment de l'arrivée des premiers vaccins, une frange de la population s'est permis de douter. Environ 5 millions de personnes (décembre 2021) ont refusé de se soumettre à cette injection. La majorité des hommes politiques, des médecins, des journalistes et des artistes ne se sont pas exprimés sur les personnes non-vaccinées.

Mais ceux qui l'ont fait ont été d'une violence extrême.

En plus d'être isolées, réduites au silence et mises au ban de la société, les personnes non-vaccinées ont fait l'objet d'une politique médiatique de dénigrement incroyable, inhumaine et insultante.

Il s'agit d'un processus bien connu de manipulation des masses : identification d'une cible, appel à l'émotion, utilisation de stéréotypes, distorsion de la réalité, mais aussi utilisation de l'autorité et inversion accusatoire.

Chaque nouvelle déclaration a été un crève-cœur pour les personnes non-vaccinées.

Les hommes politiques

Le Président de la République

04/01/2022 – Interview du Parisien

« Moi, je ne suis pas pour emmerder les Français. Je peste toute la journée contre l'administration quand elle les bloque. Eh bien là, les non-vaccinés, j'ai très envie de les emmerder », **lâche Emmanuel Macron.** *« Donc on va continuer de le faire, jusqu'au bout, c'est ça la stratégie. »*

« Le fait même que l'on pose la question du refus de soin pour des gens non-vaccinés est un drôle de virus. Et ça, c'est l'immense faute morale des antivax : ils viennent saper ce qu'est la solidité d'une nation. Quand ma liberté vient menacer celle des autres, je deviens un irresponsable. Un irresponsable n'est plus un citoyen. »

« Le virus n'a pas de passeport. »

Donc les personnes non-vaccinées sont considérées par le Président de la République comme étant des irresponsables qui, de fait, deviennent des non-citoyens.

Martin Hirsch, haut fonctionnaire, directeur général de l'AP-HP

26/01/2022 - Émission C à vous

Il s'interrogeait alors sur la possibilité de faire payer les soins hospitaliers aux non-vaccinés contre le COVID-19.

« En général, quand un instrument de prévention gratuit est disponible, qu'il peut être utilisé, qu'il est reconnu par la communauté scientifique comme quelque chose d'utile, et qu'on y renonce, est-ce qu'on y renonce sans conséquences ? Ou est-ce qu'on tend la main pour soigner et on dit qu'il n'y a aucune raison qu'il n'y ait pas de conséquences, parce qu'il y en aura pour les autres patients qu'on aura du mal à soigner. »

- Source : YouTube[77]

Laurence Saillet, députée européenne (Les Républicains)

Septembre 2021 - Cnews

« Les manifestants anti-passe sont des tueurs de flics, des ennemis de la République et de la démocratie, des antisémites, des abrutis qui veulent contaminer et tuer les autres… »

---

[77] Source : https://www.youtube.com/watch?v=SrkDn6S532A

Daniel Cohn Bendit, ancien député européen (Les Verts)
04/01/2021 - LCI

« Ceux qui ne veulent pas se faire vacciner, bah qu'ils aillent se faire foutre. »

« Réquisitionnons les salles de sport en banlieue et dites aux mômes et à leurs familles, venez vous faire vacciner et vous pourrez rejouer au foot. »

Christian Estrosi, maire de Nice
13 janvier 2022 - Matinale de BFMTV

« Ceux qui ne seraient pas vaccinés devraient être confinés chez eux dans les mêmes conditions qu'en mars et avril 2020 et ne pas avoir droit à l'assurance chômage. »

« Quand on fait prendre de tels risques à la société, on doit en payer le prix. »

« Ceux qui constituent une menace sur notre pays sont ceux qui restent dans des postures inacceptables… tolérance zéro dans ce domaine. »

Olivier Véran, ministre de la Santé
Décembre 2021

« Maintenant, il faut vous faire vacciner parce que, sinon, on ne va pas s'en sortir. Il y a vraiment peu de chances que vous puissiez passer cette fois-ci entre les gouttes. La circulation du virus est trop forte. »

Eric Woerth, député Les Républicains
13/07/2021 - Matinale de Public Sénat

« Ce débat doit être traité dans le respect des libertés publiques, mais les libertés publiques, ce sont les libertés des autres et pas seulement votre propre liberté… La liberté des autres, c'est aussi avoir quelqu'un dans un train qui est vacciné ou qui a un passe sanitaire… il faut bien faire la différence entre les personnes qui sont vaccinées et les personnes qui ne le sont pas. Celles qui ne le sont pas représentent un danger pour les autres. »

« Ne pas se vacciner, c'est un égoïsme total. On ne peut pas faire courir des risques aux autres. À un moment

donné, ça deviendra pénal, le soignant qui est infecté et infecte quelqu'un, à un moment donné, les familles se retourneront contre ces soignants. »

« Il faut faire une très grosse différence entre ceux qui sont vaccinés et ceux qui n'acceptent pas de se protéger et de protéger les autres. Il faut des différences fondamentales. »

« On ne peut pas avoir accès aux mêmes libertés publiques, avoir accès aux autres. »

« Ceux qui auront été vaccinés auront accès à toute la vie sociale... ça veut dire qu'on incite fortement à se faire vacciner, à défaut, pour l'heure, d'une obligation vaccinale pour toute la population. »

Jean Castex, Premier ministre

Intervention le 17/12/2021 - Hôtel de Matignon

« Nous renforcerons en janvier l'incitation à la vaccination. Il n'est pas admissible que le refus de quelques millions de Français de se faire vacciner mette en risque la vie de tout un pays ! »

« Nous assumons de faire peser la contrainte sur les non-vaccinés. Car les services de soins critiques et de réanimation de nos hôpitaux sont remplis de personnes non-vaccinées. »

- Source : Youtube[78]

Jean-Luc Mélenchon, homme politique

17/02/2022 - Émission *« La France dans les yeux »* sur BFMTV

« Si cette vaccination était obligatoire, comptez sur moi pour vous courir derrière afin que vous soyez vaccinés. »

Les écrivains

Raphaël Enthoven, écrivain, enseignant, animateur de radio et télévision

« L'antivaccinisme n'est pas une opinion, c'est une maladie. On ne discute pas avec un antivax. L'antivax est

---

[78] Source : https://www.youtube.com/watch?v=bUzbvfsb3ts

Michel Onfray, philosophe

Mai 2021 - Vidéo Front Populaire

Ce philosophe-écrivain a déclaré que le refus du pass sanitaire est *« comme un caprice provenant d'une pensée d'enfant roi »*. Pour lui, les antivax se comportent comme des *« racailles »* lorsqu'elles refusent de porter le masque.

De plus, il compare les non-vaccinés à des *« contaminateurs du sida et des violeurs de jeunes filles. »*

Même s'il s'est excusé depuis, ses paroles resteront gravées.

Les personnalités du monde du spectacle

Karin Viard, actrice

04/09/2021 – RTL

« Ceux qui ne veulent pas se vacciner, du coup, ils n'imputent rien à la Sécurité sociale, et donc ils assument de ne pas vouloir se faire vacciner et s'ils ont le COVID, ils se débrouillent. »

A-t-on entendu cette actrice tenir le même langage pour les malades du cancer qui ont fumé toute leur vie ? Pour les malades obèses qui continuent à manger n'importe quoi ? Bien sûr que non. Tout simplement écœurant.

Didier Bourdon, acteur

12/05/2021 - Direct Twitch pour BFMTV, face à Jean-Marie Marchaut.

« Je me dis que vu le nombre de gens qui se sont fait vacciner, même si on doit tous crever, je préfère, plutôt que de rester sur terre avec les pauvres connards qui ne se sont pas fait vacciner, je préfère passer de l'autre côté. »

« Je n'ai pas à me plaindre, mon fils travaille pour Pfizer. »

Les connards l'ont bien compris et ne sont pas prêts d'aller voir ses prochains films.

Bernard Lavilliers, chanteur

16/12/2022 - 7 h 50 - France Inter

« Les non-vaccinés sont des connards antivax qui rêvent de dictature ! »

- Source : YouTube[79]

JoeyStarr, alias Didier Morville, chanteur

« Que vont faire ces gens qui manifestent contre le passe, alors que les vrais combats, c'est le climat, c'est l'égalité, ainsi de suite… ? Et que là on porte atteinte à leurs petites libertés, tout en sachant qu'ils se font fourrer toute la journée par l'État, les banques et ainsi de suite… mais qu'ils ont l'impression d'être dans un vrai combat. Que sont-ils devenus après ? Quand le climat va complètement nous échapper, quand tous ces problèmes égalitaires vont nous péter à la gueule… Voilà, je ferais peut-être un truc dans cette direction-là. »

Question du journaliste : Ce serait quoi le titre ? Que sont-ils devenus ?

« Non, non, vous êtes des connards ! »

Déclaration de JoeyStarr lors de la présentation de son film *Cette musique ne joue pour personne,* interview par « Le Bonbon ». [80]

Patrick Bruel, chanteur

Novembre 2021 - Concert salle du Cirque royal de Bruxelles (Belgique)

« On n'a plus envie que ça s'arrête, on a envie que ça continue, que cet effort extraordinaire qui a été demandé à tous serve à quelque chose et que cela continue… Dites à vos potes non-vaccinés qu'ils commencent à nous saouler. »

---

[79] Source : https://www.youtube.com/watch?v=tacCp1-QslI&t=399s

[80] Source : https://www.facebook.com/lebonbon/videos/192550486293409

Les journalistes

Emmanuel Lechypre

29/06/2021 - RMC

« Les non-vaccinés, ce sont des dangers publics pour les autres.

[...] Donc, il y a un moment où la connerie, ça suffit ! Convaincre, on voit bien que ça ne sert à rien. Tous les gens qui défilent sur notre antenne et qui ne veulent pas se faire vacciner, ils sont de plus en plus irréductibles au fil des jours, avec des arguments de plus en plus nuls. Moi, je les attends, appelez, téléphonez, et on vous vaccinera de force. Moi, je vous ferai emmener par deux policiers au centre de vaccination. Je suis très sérieux. Il faut aller les chercher avec les dents, et avec les menottes s'il le faut ! »

Jean Quatremer, journaliste du journal Libération, interview sur LCI

« Imposer la vaccination, c'est facile. On appelle les 626 000 personnes, une par une, et si jamais elles ne défèrent pas à la convocation, et bien on suspend le paiement des retraites. Je peux vous dire que les 626 000 personnes, elles vont aller se faire vacciner et extrêmement rapidement. »

Christophe Barbier, journaliste

« On peut demander à ceux qui ont les noms des non-vaccinés de donner ces fichiers à des brigades, à des agents, à des équipes, qui vont aller frapper à leur porte ! »

Thierry Moreau, journaliste, ancien rédacteur en chef de Télé 7 jours, août 2021, dans l'émission *Estelle Midi*, diffusée sur RMC

« Je suis pour rendre la vie invivable aux non-vaccinés, leur pourrir la vie. On a une arme à notre disposition et il y a une minorité de connards qui ne veulent pas se faire vacciner. »

Les médecins

Docteur Damien BARRAUD, médecin - Sur Twitter (tweet supprimé depuis)

« Merci de rédiger vos directives anticipées pour dire qu'en cas d'agonie, vous refusez toute sédation d'analgésie. Je me ferai un plaisir de vous regarder étouffer avec les yeux sortant des orbites. »

Oui, vous avez bien lu. Et ce type est médecin.

Professeur Éric Caumes, médecin de l'hôpital Pitié-Salpêtrière

01/11/2021 - Cnews

Il souhaitait la mise en place d'un certificat de non-réanimation pour les non-vaccinés.

« C'est-à-dire que si vous n'avez pas peur de la mort et si à la limite, vous signez un certificat comme quoi, si vous attrapez le COVID ; vous ne voulez pas être réanimé, vous ne voulez pas emboliser les hôpitaux, vous ne voulez pas prendre la place de quelqu'un de jeune dans un hôpital. Et bien dans ces cas-là, pourquoi pas ? Ça ne me dérange pas particulièrement. »

Bruno Mégarbane, chef de service en réanimation médicale et toxicologique à l'hôpital Lariboisière

01/12/2021 – Public Sénat

« Que fait le virus quand il arrive devant des individus vaccinés ? Il préfère aller vers les personnes non-vaccinées, car c'est plus facile de les infecter. »

Ce chef de service a découvert les virus à têtes chercheuses…

André Grimaldi, professeur émérite au CHU Pitié-Salpêtrière

02/01/2022 - Tribune le Journal du Dimanche

« Ces réanimations longues engagent le pronostic vital des patients et pour éviter le constat quotidien des réanimateurs accueillant chaque jour des patients arrivant dans un état de détresse regrettant amèrement leur décision inconsciente de ne pas se faire vacciner, il serait bon de conseiller systématiquement à toute

personne adulte refusant de se faire vacciner de rédiger des directives anticipées pour dire si elle souhaite ou non être réanimée en cas de forme grave de COVID. Une personne revendiquant le libre choix de ne pas se faire vacciner ne devrait-elle pas assumer en cohérence son libre choix de ne pas se faire réanimer ? »

Michel Cymès, médecin, chirurgien

Octobre 2021 - France 2

« Quand on prend ce genre de responsabilités, celle de ne pas se faire vacciner, il faut se regarder dans la glace le matin en se disant oui je peux tuer des gens dans la journée.

Le virus circule encore. Il y a encore des gens fragiles qui vont être contaminés qui vont probablement mourir avec la responsabilité de ceux qui ont refusé de se faire vacciner et qui vont donc transmettre ce virus à des gens qui vont croiser et qui eux n'auront peut-être pas pu se faire vacciner pour des raisons médicales… Je refuse de débattre avec des antivax. Ça fait un an qu'on explique les risques qu'on prend pour soi et surtout pour les autres. Un an qu'on explique liberté, égalité, fraternité. Il y a aussi fraternité, c'est leur problème. Mais je pense qu'un jour il faudra demander des comptes à ceux qui ont été médecins ou infirmières et qui ont refusé de se faire vacciner… je ne m'apitoie absolument pas sur le sort de ces infirmières ou des médecins qui ont fini par quitter ce métier, parce qu'ils n'ont pas voulu se faire vacciner. C'est leur choix. C'est leur problème. »

Jean-Paul Hamon, médecin généraliste

Juillet 2021 - Cnews

« Il faut cogner sur les irresponsables qui ne veulent pas se faire vacciner. Si on a la chance de ne pas avoir une nouvelle flambée, c'est parce que la moitié de la population française a reçu sa première dose [...] Je pense qu'il faut sortir la boîte à claques et avoir le courage de dire aux Français "Vaccinez-vous". »

Les autres

Charles Consigny, avocat

20/12/2021 - RMC, les Grandes Gueules

« C'est pour ça que j'ai proposé que les non-vaccinés payent eux-mêmes leurs frais d'hospitalisation et même qu'ils payent à l'entrée. Et là, d'un coup je peux te dire qu'il y a des gens qui se feraient vacciner. S'ils doivent vendre leur maison pour ça, ça ferait réfléchir du monde. »

« J'ai confiance en la science, je suis libéral et capitaliste. Je fais confiance à l'industrie. J'aurais fait confiance à l'industrie du tabac avant qu'on en découvre les méfaits. Je fais confiance en McDonald. Espérons quand même que ces vaccins ne déclenchent pas de maladies neurodégénératives à horizon de deux trois ans, sinon on aura l'air fins. »

Ce n'est rien de le dire aujourd'hui en 2023. Et ce n'est que le début.

Anastasia Colosimo, enseignante et politologue

27/12/2021 - Journal de David Pujadas

David Doukhan – Rédacteur en chef du service politique du *Parisien-Aujourd'hui en France* argumente sur le refus de soigner les non-vaccinés :

« Imaginer que l'on puisse refuser de soigner quelqu'un parce qu'il a fait un choix — que l'on peut considérer comme stupide si vous voulez. Alors parce qu'on est stupide, on est condamné à mort ? »

C'est à ce moment-là qu'Anastasia Colosimo — docteur en théologie politique — décide d'intervenir en affirmant, avec un sourire, que **« ce serait un bon moyen de sélection naturelle ! »** [81]

Georges Ghosn, patron du magazine VSD

16/07/2022 - Édito de VSD

---

[81] Source : https://www.youtube.com/watch?v=C23EKGIDhXg

« Illettrés, ingrats, cloportes, allez vous faire vacciner et fermez-la, vous polluez. »

« Une enfilade de conneries », « (gros) connards. » [82]

Thomas Porcher, économiste et essayiste

29/06/2021 - RMC Les grandes gueules

« À long terme, il faut rendre la vie des non-vaccinés beaucoup plus difficile pour les inciter à se faire vacciner. On a les doses, s'ils n'ont pas compris qu'ils doivent se faire vacciner [...], il faut leur rendre la vie dure. Là on va demander aux jeunes de plus de 12 ans de se faire vacciner pour qu'on atteigne l'immunité collective, parce qu'on a des gens de 50-60 ans qui n'ont rien dans le crâne [...]. On va compenser par des jeunes parce que des abrutis ne veulent pas se faire vacciner alors un moment on leur rend la vie difficile. »[83]

Quelques témoignages de personnes non-vaccinées et autres discriminations

Pour ceux qui ont fait le choix de se faire vacciner, il est parfois difficile de se rendre compte de l'inhumanité de traitement dont ont été victimes les personnes non-vaccinées.

Lisez ce qui suit et vous vous rendrez compte de la violence de ce que nous avons subi pendant cette période.

Témoignage d'une femme non-vaccinée et atteinte d'un cancer

J'suis pas content - Greg Tabibian Youtube

Si vous ne devez regarder qu'un seul témoignage vidéo, **c'est celui-là**. Il s'agit d'une femme atteinte d'un cancer et qui a fait le choix de la non-injection. Elle devait malgré tout traiter et soigner son cancer. Écoutez, cela fait froid dans le dos. [84]

---

[82] Source : https://www.marianne.net/societe/medias/cloportes-connard-gros-loser-le-patron-de-vsd-en-roue-libre-sur-les-antivax

[83] Source : https://twitter.com/DubreuilhMarcel/status/1409946325987336197?s=20

[84] Source : https://www.youtube.com/watch?v=xmKUTelK7Cc

★★★ En cas d'indisponibilité de la vidéo sur YouTube, elle est disponible sur le cloud.

Commentaire de @xavethebest sous la vidéo « 2,5 COVID non censurés : traitements précoces »

« Jamais, on n'aura vu une telle approche dans toute l'histoire de la médecine, qui a toujours reposé sur le diagnostic du médecin, suivi d'un traitement adapté et rapide ! Cette négation des traitements relève d'un refus de soigner et donc d'un véritable crime, avec au 07 mai 2020, une surmortalité en France estimée à 25 000 morts, comme le rapporte le Dr Christian Péronne, l'ancien Président de la commission des maladies transmissibles du Haut Conseil de la Santé publique et ancien membre expert à l'OMS sur la politique vaccinale en Europe, dans son livre réquisitoire explosif "Y a-t-il une erreur qu'ils n'ont pas commise ?"... Cet aveuglement volontaire est le péché originel de ce gouvernement, celui dont découlent toutes les autres fautes et crimes ultérieurs. C'est comme si dans sa profonde duplicité, Emmanuel Macron pour répondre à la guerre, à la croisade sanitaire qu'il avait déclarée contre ce virus, avait tout simplement choisi de délibérément désarmer les Français pour y faire face ! Cela relève de la haute trahison du peuple et mériterait une destitution et un jugement en bonne et due forme. Mais, il faut bien comprendre que la négation de tout traitement était la condition préalable sine qua non pour l'autorisation de la mise sur le marché des différents vaccins... Et il fallait aussi dans un premier temps déclarer l'épidémie comme une "pandémie" pour légitimer leur production. De même que la prolongation de l'état d'urgence sanitaire était la condition sine qua non pour autoriser des vaccins qui n'ont pas été approuvés. Si on n'enclenche pas la chaîne de soins pour les malades, si on ne diagnostique pas, si on n'examine pas et si on ne traite pas délibérément les patients et bien alors, les situations cliniques ne peuvent qu'empirer et les services de soins ne peuvent être que saturés ! »[85]

Témoignage d'une personne suspendue

Cléo, sur Tweeter en juillet 2023 :

« Le 12 juillet 2021, ma vie entière a basculé. C'était il y a deux ans, jour où a été annoncé à la TV, la destruction de ma carrière et ma mise à mort sociale et professionnelle.

Laissée sans aucune ressource ni aide sociale, une première en France. Mon tort ? Avoir dit non.

Deux ans ont passé, les émotions se sont succédé : incompréhension, déni, colère, tristesse, dépression. Deux ans après mon éviction du système de santé qui ne tient plus qu'à un fil, je n'ai pas remis les pieds dans mon service qui bat de l'aile, comme tant d'autres d'ailleurs.

Deux ans après, la loi du 5 août 2021 n'est toujours pas abrogée. La HAS doit rendre son avis prochainement sur les autres vaccinations des professionnels de santé. Il y a deux ans, le pire a été permis. Des vies entières ont été détruites, des carrières brisées .

Avant même que cette loi ne soit votée, ON SAVAIT que les injections ne protégeaient pas de la transmission. Avant même que cette loi ne soit votée, ON SAVAIT que les injectés transmettaient la maladie, quand bien même ils avaient reçu plusieurs doses. Avant même que la loi ne soit votée, ON SAVAIT que personne ne serait réellement protégé de la maladie. Il n'y avait qu'à regarder ce qu'il se passait à l'étranger.

ON SAVAIT.

Et on a laissé crever comme des chiens des gens qui ont dit non.

Jamais je n'oublierai.

Jamais je ne pardonnerai. »

---

[85] Source : https://odysee.com/@Covid-non-censure:b/Uncensored_2.5_HD:c?r=HZx58ZMCPQv8HbLysvKyaQBme2tM27uo

- **Un Canadien est mort, car étant non-vacciné, la greffe de rein qui l'aurait sauvée lui fut refusée** [86]
- **En Belgique, certains centres de transplantation ont rayé les non-vaccinés contre la COVID des listes d'attente pour une greffe d'organe**

Pour le directeur du centre de transplantation pulmonaire de Mont Godinne en Belgique :

« Greffer un non-vacciné, c'est gaspiller un organe. »[87]

Discrimination financière

Un exemple parmi tant d'autres : les départements

Les salariés suspendus ne touchaient aucun revenu. Le gouvernement a alors demandé aux départements de leur verser le RSA, ce que 15 présidents de départements ont refusé de faire, ne souhaitant pas rémunérer certains salariés « antivax ».

Selon Sud-Ouest, quinze présidents de département ont écrit le 29 octobre 2021 au Premier ministre : ils refusent d'assumer seuls le versement du RSA aux employés suspendus du fait de leur non-vaccination, et dénoncent le manque de concertation de l'État avant la prise de cette décision.

Les élus sont tous du Parti socialiste :

- Gironde : Jean-Luc Gleyze
- Gers : Philippe Martin
- Landes : Xavier Fortinon
- Seine-Saint-Denis : Stéphane Troussel
- Aude : Hélène Sandragné
- Tarn : Christophe Ramond
- Nièvre : Fabien Bazin

---

[86] Source : https://resistancerepublicaine.com/2023/07/24/le-non-vaxxine-garnet-mort-a-35-ans-la-greffe-de-rein-qui-laurait-sauve-lui-fut-refusee/
[87] Source : https://www.sudinfo.be/id442435/article/2022-02-02/patrick-evrard-directeur-du-centre-de-transplantation-pulmonaire-de-mont-godinne?utm_campaign=pushs&utm_source=twitter&utm_medium=tw_sp_online

- Lozère : Sophie Pantel
- Haute-Vienne : Jean-Claude Leblois
- Pyrénées-Orientales : Hermeline Malherbe
- Ariège : Christine Téqui
- Lot-et-Garonne : Sophie Borderie
- Côtes-d'Armor : Christian Coail
- Haute-Garonne : Georges Méric
- Loire-Atlantique : Michel Ménard [88]

---

[88] Source : https://www.sudouest.fr/gironde/covid-le-departement-de-la-gironde-ne-veut-pas-verser-le-rsa-aux-personnes-refusant-de-se-faire-vacciner-6760719.php?s=09

13

Hôpitaux, soignants, médecins et rémunération

Introduction

L'épidémie de COVID-19 aurait mis à mal le système de santé français et saturé les hôpitaux. Ce virus et sa prise en charge auraient mobilisé l'ensemble des ressources (matériel et humain) disponibles et ont coûté des milliards d'euros.

Mais il n'en est rien. L'hôpital, et plus généralement le système de santé français, est dans une situation catastrophique. Malgré les différents plans mis en place par le gouvernement, la situation ne s'arrange pas et l'Union européenne nous oblige à des restrictions budgétaires dangereuses pour les patients. Mais de façon surprenante, le manque de moyen dénoncé depuis plusieurs années a fait place à des dépenses colossales sans aucune limitation pour la « crise COVID ».

Un système de santé déjà en crise

Avant même l'arrivée du COVID-19, le personnel soignant se mobilisait, notamment à travers des grèves, pour dénoncer un système à bout de souffle : manque de moyens, manque de lits, manque de médecins (y compris en médecine de ville), des urgences saturées (parfois fermées la nuit et le week-end) et des personnes qui attendent des heures sur des brancards dans des couloirs sans prise en charge, des délais de plusieurs mois pour un rendez-vous chez un spécialiste, une augmentation des agressions verbales et physiques du personnel soignant…

Le système de santé français, qui était présenté comme le meilleur du monde dans un palmarès réalisé par l'OMS en 2000 (« La France fournit les meilleurs soins de santé généraux ») et envié, a basculé dans un système au bord de la rupture et se rapprochant dangereusement de celui des Britanniques. [89] [90]

---

[89] Source : https://www.leparisien.fr/societe/sante/greve-des-urgences-on-a-ferme-100-000-lits-en-20-ans-24-04-2019-8059401.php

Le financement de l'hôpital public

Depuis plusieurs années, le gouvernement français met en place des plans pour répondre à la crise de l'hôpital public. Ces plans ont pour objectif de renforcer le financement de l'hôpital, de recruter de nouveaux soignants et de moderniser les infrastructures hospitalières.

Les différents plans du gouvernement

Plan « Ma Santé » 2022

Le plan Ma Santé 2022, annoncé en 2019, est le premier plan de grande ampleur pour l'hôpital public. Il prévoit un investissement de 19 milliards d'euros sur cinq ans, dont 11 milliards d'euros pour le financement de l'hôpital.

Les mesures phares de ce plan sont :

- Une hausse de 20 % du budget de l'hôpital public d'ici 2022
- La reprise par l'État d'un tiers de la dette hospitalière
- La création d'un nouveau statut pour les infirmiers et les aides-soignants
- La revalorisation des salaires des soignants
- Le développement de la médecine de ville

Plan « Flash » sur l'hôpital

En juillet 2022, le gouvernement a annoncé un plan « flash » sur l'hôpital, en réponse à la crise des urgences. Ce plan prévoit une enveloppe de 100 millions d'euros pour renforcer les urgences et les services de soins critiques.

Les mesures phares de ce plan sont :

- La création de 4 000 postes d'infirmiers et d'aides-soignants pour les urgences
- La revalorisation des salaires des soignants des urgences
- L'ouverture de 120 lits supplémentaires en soins critiques

---

[90] Source : https://www.francetvinfo.fr/sante/hopital/cinq-chiffres-pour-comprendre-la-crise-dans-les-services-d-urgences_3475921.html

Plan « Reconstruction » de l'hôpital

En janvier 2023, le gouvernement a annoncé un plan « reconstruction » de l'hôpital, en réponse à la crise de l'hôpital public. Ce plan prévoit un investissement de 10 milliards d'euros sur cinq ans.

Les mesures phares de ce plan sont :

- La refonte de l'organisation du travail hospitalier
- Le développement de la télémédecine
- La création de nouveaux pôles de santé

La participation financière de l'État pour la prise en charge des dépenses de santé

Année	Part de l'État en %	Montant en milliards d'euros
2013	71,4	154,6
2014	72,3	157,9
2015	73,2	161,2
2016	74,1	164,5
2017	75,1	167,8
2018	76,1	171,1
2019	77,1	174,4
2020	77,5	177,7
2021	77,9	216,7
2022	78,1	226,7

Pourquoi l'hôpital est en crise alors que le budget augmente tous les ans ?

Le système hospitalier français est en crise pour plusieurs raisons, malgré l'augmentation du budget.

• **Le manque de moyens humains est un problème majeur.** L'hôpital public souffre d'un manque de personnel soignant, notamment d'infirmiers et d'aides-soignants. Ce manque de personnel entraîne une surcharge de travail pour les soignants, qui sont souvent contraints de travailler de longues heures et de faire des heures supplémentaires. Cette situation a un impact négatif sur la qualité des soins et sur la santé des soignants.

• **Le manque de moyens financiers est également un problème.** L'hôpital public est confronté à une augmentation des dépenses, notamment due à l'évolution des techniques médicales et au vieillissement de la population. Ces augmentations de dépenses ne sont pas toujours compensées par des augmentations de budget, ce qui entraîne un déficit chronique.

• **Les réformes successives ont également contribué à la crise de l'hôpital public.** Les réformes de la tarification, de la gouvernance et de l'organisation du travail ont été critiquées par les professionnels de santé, qui estiment qu'elles ont contribué à dégrader les conditions de travail et la qualité des soins.

• **Une demande croissante de soins de santé.** La population augmente et vieillit, ce qui entraîne une demande croissante de soins de santé. Les besoins médicaux deviennent de plus en plus complexes, ce qui peut surcharger les hôpitaux.

• **Une gestion inefficace.** La mauvaise gestion des ressources et des budgets peut entraîner un gaspillage de fonds et une utilisation inefficace des ressources. Cela peut aggraver la crise malgré une augmentation du budget global.

• **Un personnel médical dédié uniquement à des tâches administratives.** Selon l'étude de l'IREF Europe, le pourcentage moyen des personnels soignants dédiés à des tâches administratives dans les hôpitaux français est de 20 %. Ce chiffre est basé sur un échantillon d'une trentaine d'établissements hospitaliers. [91]

---

[91] Source : https://en.irefeurope.org/publications/online-articles/article/call-for-papers/

La crise de l'hôpital public est un problème complexe qui nécessite des solutions à la fois structurelles et conjoncturelles. Les plans gouvernementaux mis en place ces dernières années ont permis de renforcer le financement de l'hôpital et de recruter de nouveaux soignants. Cependant, ces plans ne sont pas suffisants pour répondre aux besoins réels de l'hôpital. Et une part importante, de plus en plus conséquente, du financement des hôpitaux est noyé et dilapidé dans l'administratif.

Les lits d'hôpitaux et les demandes répétées de l'Union européenne

Depuis des années, le gouvernement a rationné le nombre de lits dans les hôpitaux par mesure d'économies. De plus, l'Union européenne a demandé à la France (et aux autres États) de réduire ses dépenses de santé à plusieurs reprises, notamment dans le cadre du semestre européen :

- **En 2019**, la CE a recommandé à la France de réduire ses dépenses de santé de 0,5 % du PIB d'ici 2022.

- **En 2021**, elle a réitéré sa recommandation.

- **En 2023**, elle reformule une nouvelle recommandation en proposant cette fois une cible de 1 % du PIB d'ici 2027.

En tout, et jusqu'en 2020, **c'est 63 fois que l'Union européenne a demandé une baisse significative des dépenses de santé aux pays membres.** [92]

Vouloir réaliser des économies est peut-être nécessaire. Mais l'objectif n'est-il pas de détruire le système de santé français en l'essorant pour ensuite privatiser les services de santé publique ? Une question reste essentielle : comme les sociétés privées, la santé doit-elle être rentable ?

---

[92] Source : https://web.archive.org/web/20200404092224/https://www.humanite.fr/la-commission-europeenne-demande-63-fois-aux-etats-de-reduire-les-depenses-de-sante-denonce-687250

Les chiffres hospitaliers des cas COVID étaient gonflés par intérêt financier

Aucune distinction n'était réalisée entre les morts « à cause du COVID » ou « morts avec le COVID ». À l'hôpital, les gens étaient testés et même s'ils venaient pour une jambe cassée par exemple, s'ils étaient testés positifs, ils étaient étiquetés « hospitalisés pour COVID ».

Il en était de même pour les personnes asymptomatiques testées positives et les causes de la mort d'un patient.

Pourquoi les hôpitaux ont donc orienté leurs chiffres afin qu'un maximum de patients soit considéré comme des cas COVID ? Car les hôpitaux avaient des raisons financières de le faire et ont agi d'après les recommandations de l'OMS. Comme le prouve clairement Pierre Chaillot dans son livre *COVID 19, ce que révèlent les chiffres officiels : Mortalité, tests, vaccins, hôpitaux, la vérité émerge,* le nombre de personnes hospitalisées ou mortes du COVID n'était pas différencié du nombre de personnes qui n'étaient pas hospitalisées ou mortes du COVID, ce qui a permis de gonfler les chiffres.

L'hôpital et les médecins qui déclaraient leurs patients morts touchaient plus d'argent s'ils déclaraient que c'était à cause du COVID. Au moins 50 % des cas d'hospitalisation n'étaient pas dus au COVID, mais déclarés comme tels.

 Rapport de l'OMS sur l'ajustement des mesures (PDF).

Les pénuries

L'épidémie de COVID-19 a montré l'impréparation du gouvernement français à faire face à une crise sanitaire majeure. Le personnel médical a été confronté à un manque criant de matériel, notamment de masques, de blouses et de respirateurs. Certains soignants ont même été contraints de se servir de sacs poubelles pour se protéger. Cette situation a été dénoncée par les syndicats de soignants et les associations de patients.

Le gouvernement a finalement pris des mesures pour remédier à la situation, mais elles sont venues trop tard. La crise sanitaire avait déjà fait des ravages et le système de santé français en est sorti affaibli.

- Pénurie de gel hydroalcoolique [93]
- Des entreprises privées font dons de masques aux hôpitaux [94]
- Médecins de ville : rationnement des masques [95]
- Pénurie de blouses à l'hôpital. Les soignants remplacent les blouses manquantes par des sacs poubelle [96]
- Des masques achetés par la France sont rachetés comptant (donc volés) sur les tarmacs des aéroports chinois par les Américains [97] [98]

Des hôpitaux triés sur le volet pour accueillir les cas COVID

Février 2020

Seuls 38 établissements de santé de « première ligne » ont été désignés « habilités COVID » pour prendre en charge les patients COVID-19 au début de l'épidémie.

Fin février, on passe de 38 à 108 établissements (essentiellement les établissements où siège le SAMU).

Mars 2020

Olivier Véran, ministre de la Santé, déclenche le plan blanc maximal des hôpitaux, avec la déprogrammation massive des opérations pour anticiper l'arrivée massive de patients COVID-19. Mais combien de patients, par peur ou par refus, sont décédés à cause de leur état de santé et non pris en charge par l'hôpital ? Combien de patients sont morts par manque de

---

[93] Source : https://www.francetvinfo.fr/sante/maladie/coronavirus/covid-19-vers-une-penurie-de-gel-hydroalcoolique_3849145.html

[94] Source : https://actu.fr/societe/coronavirus/coronavirus-1-100-000-masques-donnes-par-entreprises-particuliers-dans-grand-est_32506207.html

[95] Source : https://www.lexpress.fr/societe/medecins-de-ville-comment-les-masques-sont-rationnes_2122385.html

[96] Source : https://actu.fr/societe/coronavirus/des-sacs-poubelles-lieu-blouses-face-coronavirus-infirmieres-colere_33312201.html

[97] Source : https://www.lexpress.fr/societe/des-masques-commandes-par-la-france-rachetes-sur-le-tarmac-par-les-americains_2122706.html

[98] Source : https://www.valeursactuelles.com/clubvaleurs/economie/commandes-rachetees-sur-les-tarmacs-guerre-des-nerfs-autour-de-la-livraison-de-masques-chinois/

consultation, notamment pour des cas graves qui nécessitaient une prise en charge immédiate (AVC, infarctus, cancers…) ou une chirurgie digestive ?

La rémunération des personnels soignants pendant le COVID-19

Un autre élément qui n'a pas été mis en avant par les médias a été la rémunération des personnels soignants chargés de la vaccination. Afin d'inciter un maximum de professionnels de la santé à piquer, leur rémunération a été plus que généreuse. Pourquoi avoir augmenté de façon significative la rémunération de ces personnels médicaux uniquement pour procéder à la vaccination ? Combien de vaccinodromes et combien de personnels soignants ? La rémunération, était-ce le nerf de la guerre ?

Les médecins

Rémunération au forfait ou à l'acte pour les vaccinations dans les vaccinodromes.

En semaine

420 € la demi-journée ou 105 € de l'heure de vacation de moins de 4 heures.

Samedi après-midi, dimanche ou jours fériés

460 € la demi-journée ou 115 € de l'heure de vaccination.

Si rémunération à l'acte : l'injection d'une dose était rétribuée 9,60 €.

En plus, quelle que soit l'option retenue : prime de 5,40 € pour chaque saisie dans le système informatique « Vaccin COVID ».

C'est plus ou moins la même rémunération que les médecins qui vaccinaient en EHPAD.

En cabinet ou à domicile : rémunération à l'acte : 9,60 € + 5,40 € de prime, plus des frais de déplacement + consultation prévaccinale à 25 €.

Autre cas de rémunération : les médecins touchaient pour chaque consultation (ou téléconsultation) une majoration de 30 € (soit une consultation au prix total de 55 €). [99]

En avril 2021, la Sécurité sociale a décidé de changer les règles de rémunération : ce sera au forfait dans les centres de vaccination et non plus à l'acte.

Les médecins vaccinaient un peu plus de 15 personnes en une heure. Soit une soixantaine de personnes en une matinée. Certains médecins pouvaient toucher 456 € pour une heure de travail, soit 1824 € en quatre heures. **Le week-end, cette somme pouvait atteindre les 3000 € en une matinée.** Cette rémunération a été dénoncée par certains médecins (pas nombreux) comme étant un *« pillage de la Sécurité sociale »*. [100]

Au forfait

220 € par demi-journée.

20 € supplémentaires samedi après-midi, dimanche et jours fériés.

En deçà de 4 h, 55 € de l'heure de vaccination.

À l'acte

6,30 €.

Pour les médecins et les infirmières, il n'y avait aucun plafond. Afin d'inciter le maximum de personnels soignants à s'impliquer dans la détection du virus, les retraités et étudiants ont aussi été appelés à piquer : rémunération de 50 € pour une heure pour un médecin retraité en semaine, jusqu'à 100 € les dimanches et jours fériés. Idem pour un interne.

Pour un infirmier en retraite, c'était une rémunération comprise entre 24 € et 48 €.

L'étudiant infirmier, lui, percevait entre 12 et 24 €.

En revanche, pour les médecins et infirmiers exerçants dans les hôpitaux, aucune rémunération supplémentaire n'avait été prévue. [101]

---

[99] Source : https://www.lequotidiendumedecin.fr/liberal/assurance-maladie/deconfinement-les-generalistes-payes-55-euros-par-patient-teste-positif-avec-recherche-de-cas

[100] Source : https://france3-regions.francetvinfo.fr/provence-alpes-cote-d-azur/bouches-du-rhone/bouches-du-rhone-la-remuneration-des-medecins-dans-les-centres-de-vaccination-en-question-2043661.html

Comme pour de nombreuses informations ou articles, le détail de ces facturations n'est plus accessible sur le site de l'Assurance Maladie. [102]

Les pharmaciens

Dès le 15 mars 2021, les pharmaciens ont rejoint les autres personnels pour procéder à la vaccination. À cela se sont ajoutés les pompiers.

Rémunération : 7,90 € l'acte. C'est 1,60 € de plus que pour le vaccin de la grippe.

C'est peu, il fallait donc vacciner un maximum de personnes. Ce qui a été permis notamment avec les points de vaccination temporaires devant les pharmacies. Vous souvenez-vous des petites tentes blanches qui ont pullulé au moment de la vaccination…

---

[101] Source : https://www.ouest-france.fr/sante/vaccin/covid-19-combien-sont-payes-les-soignants-pour-nous-vacciner-7153549

[102] Source : https://www.ameli.fr/medecin/actualites/vaccination-contre-la-covid-19-cotation-et-remuneration-des-medecins-en-centres-de-vaccination

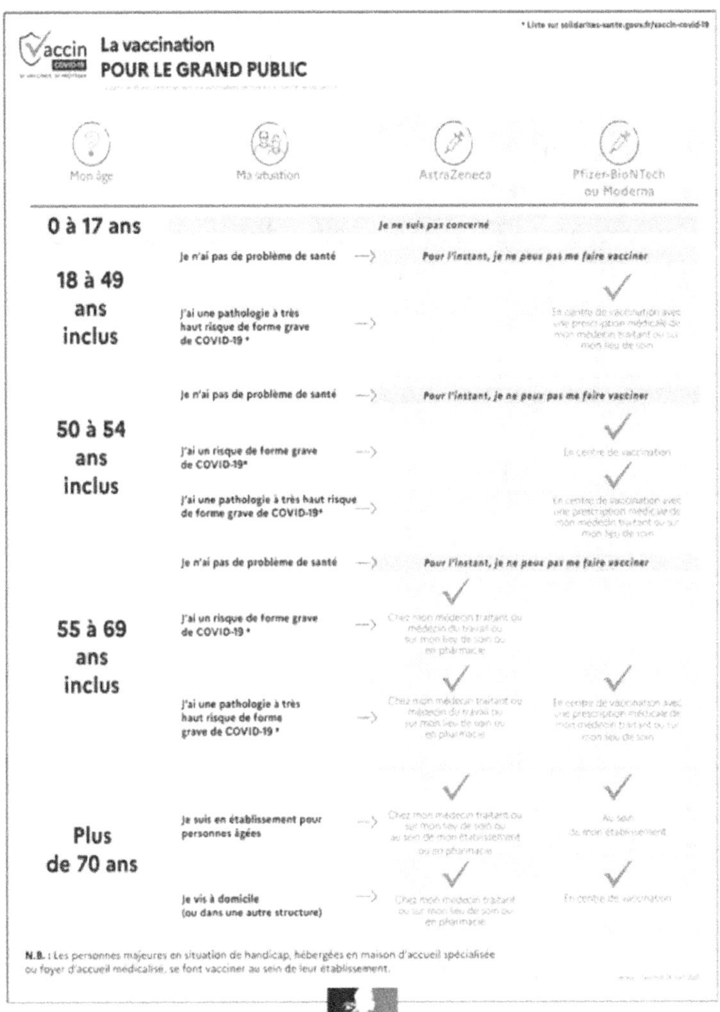

Les médecins empêchés de soigner et de parler ?

Ne bougez pas à moins d'être presque mort

Vous souvenez-vous des consignes du gouvernement et notamment de Jérôme Salomon (directeur général de la santé) en mars 2020 :

« Restez chez vous et prenez du Doliprane ».

De plus, les médecins n'effectuaient pas de visite à domicile. Combien de patients sont morts à domicile sans aucune prise en charge ? Combien de personnes sont mortes seules en silence ?

A-t-on bâillonné les médecins ?

Le décret du Premier ministre Jean Castex instaurant la censure des médecins

L'article R. 4127-13 du code de la santé publique est remplacé par les dispositions suivantes :

« Lorsque le médecin participe à une action d'information du public à caractère éducatif, scientifique ou sanitaire, quel qu'en soit le moyen de diffusion, il ne fait état que de données confirmées, fait preuve de prudence et a le souci des répercussions de ses propos auprès du public. Il ne vise pas à tirer profit de son intervention dans le cadre de son activité professionnelle, ni à en faire bénéficier des organismes au sein desquels il exerce ou auxquels il prête son concours, ni à promouvoir une cause qui ne soit pas d'intérêt général. »

« Art. R. 4127-19-1. – I. – Le médecin est libre de communiquer au public, par tout moyen, y compris sur un site internet, des informations de nature à contribuer au libre choix du praticien par le patient, relatives notamment à ses compétences et pratiques professionnelles, à son parcours professionnel et aux conditions de son exercice. »

*« **Cette communication respecte les dispositions en vigueur et les obligations déontologiques définies par la présente section**. Elle est loyale et honnête, ne fait pas appel à des témoignages de tiers, ne repose pas sur des comparaisons avec d'autres médecins ou établissements et n'incite pas à un recours inutile à des actes de prévention ou de soins. Elle ne porte pas atteinte à la dignité de la profession et n'induit pas le public en erreur. »*

« II. – Le médecin peut également, par tout moyen, y compris sur un site internet, communiquer au public ou à des professionnels de santé, à des fins éducatives ou sanitaires, des informations scientifiquement étayées sur

*des questions relatives à sa discipline ou à des enjeux de santé publique. Il formule ces informations avec **prudence et mesure, en respectant les obligations déontologiques, et se garde de présenter comme des données acquises des hypothèses non encore confirmées.** »*

*« III. – **Les communications mentionnées au présent article tiennent compte des recommandations émises par le Conseil national de l'ordre.***

Au vu de la modification, que reste-t-il de la liberté d'expression qui est un droit constitutionnel ? Chacun (y compris les médecins) a le droit d'avoir son opinion, de l'exprimer par tout moyen sous réserve du respect de la loi. »

*« **Un médecin ne peut pas être déchu de ses droits constitutionnels***

*L'ordre des médecins n'a aucune compétence, ni légalement aucun droit, d'émettre des recommandations autres que déontologiques. Il ne peut donc pas être érigé en censeur d'opinions qui ne plairaient pas au gouvernement. **Le décret antidémocratique du Premier ministre J. Castex qui instaure une telle censure paraît donc s'opposer aux droits et à la constitution.** Selon la hiérarchie des normes, ce décret s'opposant au contenu d'une loi qui lui est supérieure ne semble pas pouvoir être validé par le Conseil constitutionnel. De plus, il établirait **une discrimination entre citoyens français, ceux qui auraient le droit de s'exprimer et les autres.** »* [103] [104]

Conclusion

De nombreux moyens matériels et humains ont été déployés pour la vaccination. À travers tout le territoire, il était possible de se faire vacciner facilement, alors que les médecins, dans le même temps, ont reçu l'interdiction de soigner ou de traiter leurs patients.

---

[103] Source : https://aphadolie.com/2020/12/31/covid-19-decret-du-premier-ministre-jean-castex-instaurant-la-censure-des-medecins/

[104] Source : https://affairesjuridiques.aphp.fr/textes/decret-n-2020-1662-du-22-decembre-2020-portant-modification-du-code-de-deontologie-des-medecins-et-relatif-leur-communication-professionnelle/

Il est évident qu'il y avait un intérêt financier pour les personnels soignants et autres à participer à cette vaccination de masse, ce qui a favorisé cette hystérie et cette espèce d'entonnoir où tout conduisait (forçait) à la vaccination.

D'après les estimations de la Direction de la recherche, des études, de l'évaluation et des statistiques (Drees), le coût économique du COVID-19 en France s'élèverait à 140 milliards d'euros pour les années 2020, 2021, et début 2022. Ce coût comprend les dépenses de santé, les dépenses de soutien aux entreprises et aux ménages et les pertes de production.

Les dépenses de santé ont été les plus importantes, avec un coût estimé à 100 milliards d'euros. Ces dépenses comprennent les coûts des soins hospitaliers, des soins de ville, des vaccins et des tests de dépistage.

Les dépenses de soutien aux entreprises et aux ménages ont été estimées à 40 milliards d'euros. Ces dépenses comprennent les aides au chômage partiel, les prêts garantis par l'État et les aides à la trésorerie.

Les pertes de production ont été estimées à 20 milliards d'euros. Ces pertes sont dues aux fermetures d'entreprises et aux restrictions sanitaires.

En plus de ce coût économique, le COVID-19 a également eu un coût social important, avec des décès, des maladies chroniques et des traumatismes psychologiques, notamment chez les enfants.

14

Les mensonges sur les vaccins

Prémices et définition du vaccin contre le COVID-19

Selon Wikipédia (octobre 2023) :

« Un vaccin contre la maladie à coronavirus 2019 (COVID-19) entraîne et prépare le système immunitaire à reconnaître et à combattre le coronavirus SARS-CoV-2, ce qui permet de prévenir cette maladie.

*Pour développer rapidement une gamme de vaccins contre la COVID-19, une collaboration inédite naît en 2020 entre l'industrie pharmaceutique multinationale, différents organismes gouvernementaux et des fondations philanthropiques. La mise au point d'un vaccin capable de protéger durablement contre le SARS-CoV-2 s'avère un défi technologique. **Avant la pandémie de COVID-19, aucun vaccin contre une maladie infectieuse n'a été développé en moins d'un an et aucun vaccin n'existait pour lutter contre un coronavirus humain.** Il préexistait toutefois une base de connaissances sur la structure et la fonction des coronavirus, causant des maladies comme le SRAS ou le syndrome respiratoire du Moyen-Orient ».* [105]

---

[105] Source : https://fr.wikipedia.org/wiki/Vaccin_contre_la_Covid-19

Chronologie du narratif officiel et des mensonges

Le 27 décembre 2020, alléluia, nous sommes tous sauvés. Les premiers vaccins débarquent en France et au sein de l'Union européenne.

Afin d'inciter la population à courir vers la vaccination, l'État et le gouvernement enclenchent la propagande provaccinale. C'était LA réponse unique à l'épidémie vers laquelle tout le monde devait se ruer. Aucune question ou remise en cause n'avait voix au chapitre. Aucune remise en question du vaccin n'était possible et, comme d'habitude, tout ce qui s'écartait du narratif officiel était broyé et décrédibilisé. Sans être médecin ou scientifique, il était légitime de se questionner, ce que j'ai fait. Mais il était interdit de l'exprimer.

Florilège des déclarations mensongères sur la vaccination

« Tous vaccinés, tous protégés »

C'est ce qui nous avait été promis à l'arrivée des premiers vaccins. **Une seule dose** devait vous protéger et protéger les autres. Et si vous ne le faisiez pas, vous étiez alors désigné comme le responsable pour la Terre entière des morts, des vagues de contamination et de l'absence d'immunité collective.

Sémantique sur le nombre de « doses »

Afin d'éviter que les Français ne se questionnent sur le nombre de doses nécessaires (alors que nous devions être tous protégés à l'issue de la première injection), il fallait masquer ces nombres.

- Il y a eu la « 1re dose ».
- Puis la « dose de rappel » ou 2e injection (3 mois après la 1re injection).
- Puis le « booster / rappel vaccinal » ou 3e injection (5 mois puis 4 mois après la dernière injection).
- Puis la « 2e dose de rappel » ou 4e injection.

Donc pour résumer, en fonction des dates de vos vaccinations ou contaminations, vous auriez dû vous faire vacciner à quatre reprises pendant plus ou moins un an.

Il y avait déjà de quoi se poser des questions sur l'efficacité de ces injections rapidement, non ?

L'immunité collective

Ah, la fameuse « immunité collective » qui avait été tant ventée sur les plateaux télé au moment de la vaccination. C'était également devenu le Graal à atteindre et c'était également l'une des nombreuses raisons pour laquelle tout le monde devait se faire injecter.

Pour l'immunité collective, ceux qui ont un conflit d'intérêts :

Thierry Breton : « L'Europe pourrait avoir atteint en juillet l'immunité collective. »

Anthony Fauci : « On ne sait pas encore précisément quel pourcentage de la population doit être vacciné pour atteindre cette immunité collective : peut-être entre 70 % et 85 %. »

Karine Lacombe : « Avec un vaccin efficace à 95 % (...) il suffit que la couverture vaccinale atteigne 50 à 60 % pour que l'intégralité de la population soit immunisée, même ceux qui ne veulent pas se vacciner pour protéger les autres. » [106]

L'immunité collective était aussi un objectif annoncé par le professeur **Alain Fischer, professeur d'immunologie et président du Conseil d'orientation de la stratégie vaccinale** :

« Nous faisons face à un variant du virus, le fameux variant Delta, qui est très contagieux et qui impose une mesure énergique de vaccination pour arriver à cette immunité de groupe », **a souligné le spécialiste sur RTL**. *Au rythme actuel, c'est une possibilité d'atteindre les 90 % d'ici le début de l'automne ».* [107]

Mais les analyses scientifiques n'ont jamais donné raison à cette hypothèse. Encore une fois, ce n'était que du vent pour manipuler la population.

------

[106] Source : https://lemediaen442.fr/ihu-mediterranee-infection-la-base-de-calcul-de-limmunite-collective-etant-fausse-ses-resultats-aussi/
[107] Source : https://www.rtl.fr/actu/sante/coronavirus-l-immunite-a-90-possible-pour-le-debut-de-l-automne-selon-alain-fischer-7900058661

Le consentement libre et éclairé

La Haute Autorité de santé (HAS), le ministère de la Santé, l'Assurance maladie et l'ANSM (Agence nationale de sécurité du médicament et des produits de santé) ont défini les dispositifs permettant de mettre en œuvre, d'encadrer et de sécuriser la stratégie de vaccination avec ce vaccin :

- définition de la consultation prévaccinale et **recueil du consentement éclairé des patients**,
- organisation de l'approvisionnement en vaccin, en tenant compte des caractéristiques techniques, notamment en termes de conservation de COMIRNATY (nom commercial du vaccin COVID-19),
- définition des vaccinateurs, des modalités de rémunération et des conditions de prise en charge par l'Assurance maladie,
- traçabilité de la vaccination au sein de la population *via* le système d'information VACCIN COVID,
- surveillance renforcée des effets indésirables associés à ce vaccin. [108]

Souvenez-vous, lorsque vous êtes allés vous faire vacciner, comment s'est déroulé le « recueil de votre consentement éclairé » ? Vous allez avoir du mal à vous en souvenir, car il n'y en a pas eu. Et les questions sur les effets secondaires étaient interdites. Les candidats étaient reçus, enregistrés puis injectés, sans autre forme de discussion possible, comme des poulets de batterie.

Évolution du narratif sur l'efficacité

Au départ, le vaccin a été vendu par la doxa comme **« empêchant la maladie »**. Puis, le glissement a commencé et cela a été frauduleusement revu à la baisse. Le vaccin n'empêchait plus la contamination, mais **« protège les autres »**. Et pour finir, il ne protégeait plus les autres, mais il **« prévenait les formes graves »**.

Tout n'a été que mensonges. Depuis le début.

---

[108] Source : https://www.vidal.fr/actualites/26442-premier-vaccin-contre-la-covid-19-disponible-en-france-comirnaty-en-pratique.html

Le vaccin en phase 3 de l'essai clinique au moment de la vaccination

Certaines voix se sont élevées pour dénoncer la vaccination de masse, car ce dernier n'était qu'en phase 3 de l'essai clinique. Il représentait donc potentiellement un danger et le recul nécessaire n'était pas suffisant. Complotistes ! Antivax ! Mais c'était la vérité.

Pourtant, l'article L412739 du Code de la santé publique indique clairement :

« Les médecins ne peuvent proposer à leur entourage comme salutaire ou sans danger un remède ou un procédé illusoire ou insuffisamment éprouvé. Toute pratique de charlatanisme est interdite ».

Cela veut-il dire que l'ensemble des médecins et professionnels de santé qui ont procédé à la vaccination devraient être poursuivis devant la justice ?

Durée d'élaboration des vaccins

Une simple recherche sur la durée de développement des vaccins les plus communs aurait dû alerter quant à la rapidité avec laquelle celui contre le COVID-19 a été mis au point…

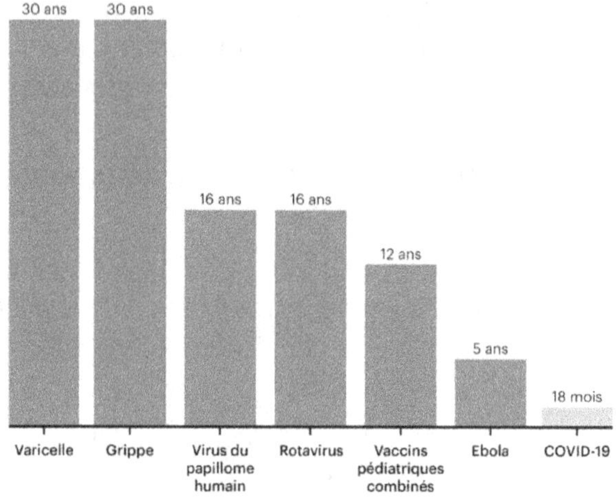

Photo et données : Potkin's et FDA

La théorie du complot : présence d'oxyde de graphène dans les vaccins

Tout comme les effets secondaires, l'efficacité ou encore l'innocuité des vaccins, la présence de graphène était une théorie du complot. Celle-là aussi a été encore une fois affirmée comme étant juste quelques mois après.

« La FDA confirme que l'oxyde de graphène est présent dans les vaccins à ARNm contre le COVID-19, après avoir été contrainte de publier des documents confidentiels de Pfizer sur ordonnance de la Cour fédérale américaine ». [109]

Je ne suis pas scientifique, mais pourquoi et quel est le but de la présence de graphène dans un vaccin injecté à la planète entière ? Quelles autres substances cachées sont présentes et pourquoi ? Je n'ai pas encore la réponse à ces questions. Mais vous devriez vous la poser.

---

[109] Source : https://www.vidal.fr/actualites/26442-premier-vaccin-contre-la-covid-19-disponible-en-france-comirnaty-en-pratique.html

Vaccinez-vous puisque tout le monde vous le dit…

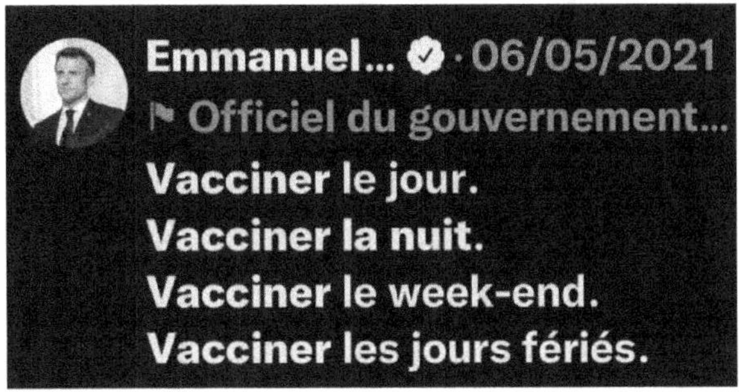

Déclaration du pape François
18/08/2021

« Se faire vacciner contre le COVID-19 est un acte d'amour », a plaidé le pape François, en appelant tous les croyants à se faire immuniser.

« Grâce à Dieu et au travail de beaucoup, nous avons maintenant des vaccins pour nous protéger contre le COVID-19. »

« Ils nous donnent l'espoir d'en finir avec la pandémie, mais seulement s'ils sont disponibles pour tous et si nous travaillons ensemble. »

« Être vacciné… est un acte d'amour et contribuer à s'assurer que la majorité des gens soient vaccinés est un acte d'amour. Amour pour soi, amour pour sa famille et ses amis, amour pour tout le monde. »

« Vaccinez-vous ! » : la tribune de 122 médecins dans le Maine-et-Loire

17/12/2021

« Au total, 122 médecins du Choletais et des Mauges ont souhaité rassurer la population, rappelant que la balance bénéfices-risques est en faveur de la vaccination, quel que soit le vaccin. Ces professionnels exhortent les non-vaccinés à franchir le pas. » [110]

---

[110] Source : https://www.ouest-france.fr/sante/virus/coronavirus/covid-19-vaccinez-vous-la-tribune-de-122-medecins-dans-le-maine-et-loire-3ef14254-

**« Parce qu'on rêve tous de se retrouver,
vaccinons-nous contre la COVID-19 »**

Extrait de la campagne du ministère des Solidarités et de la
Santé - 09/03/2021

D'après le docteur Gilbert Deray (**chef du service
néphrologie de l'hôpital de la Pitié Salpétrière de Paris**), il
fallait vacciner les enfants pour les protéger de la maladie
d'Alzheimer.

C à vous
@cavousf5
...

"Quand vous regardez les IRM cérébrales d'enfants qui font la Covid, ça
ressemble à de l'Alzheimer. Moi, je n'ai pas envie que des enfants âgés de
5 à 11 ans aient des images qui ressemblent à de l'Alzheimer, ça c'est très
clair. Il faut les vacciner."
@GilbertDeray dans #CàVous.

7:21 PM · 23 nov. 2021

5f37-11ec-99a5-71442602a4ec

Une autre de ses déclarations :

« Il faudra vacciner les enfants, sinon ils vont tuer leurs grands-parents. »

**L'offre irrésistible des magasins Super U.
Un bon d'achat de 5 € pour les personnes vaccinées.**

Les super-congélateurs

Novembre 2020

Le vaccin Pfizer-BioNTech, développé à l'aide d'une technologie à ARN modifié, doit être conservé à des températures extrêmement basses, entre -70 et -80 degrés Celsius. Pour cela, il est nécessaire de l'expédier et de le stocker dans des super-congélateurs, qui coûtent entre 5 000 et 20 000 euros l'unité.

Une fois décongelé, le vaccin doit être administré rapidement, car il ne conserve son efficacité que pendant 5 jours à des températures positives.

La question est de savoir si ces conditions de transport, de stockage et de délai ont été respectées dans tous les cas, ce qui n'a pas été clairement tranché.

Où sont ces super-congélateurs aujourd'hui ? Servent-ils à ce pour quoi ils ont été achetés ? Le sujet a vite été oublié par la presse et il est difficile d'obtenir des informations précises sur ce point.

15

Les résistants, irréductibles Gaulois

Introduction

Des personnalités médiatiques, politiques et scientifiques ont dénoncé les décisions prises dans « l'intérêt » des peuples par les gouvernements des États et de l'Union européenne. Mais malgré l'opposition générale, les calomnies et les attaques personnelles, elles continuent de se battre pour nos libertés individuelles ainsi que pour la transparence des décisions prises. Les poursuites et/ou les condamnations lancées contre elles par la machine administrative, médiatique, politique ou pénale (une forme de harcèlement) se sont abattues sur elles pour les empêcher de parler.

J'ai voulu leur rendre hommage pour leur courage et leur détermination à combattre pour nous, pour notre avenir et pour la sauvegarde de nos libertés.

Ces personnes ont été pour moi des lumières dans l'obscurité durant cette crise.

Les scientifiques et médecins

Didier Raoult, professeur, microbiologiste et infectiologue

Connu pour ses travaux de recherches dans le domaine des maladies infectieuses, en particulier sur les antibiotiques et les bactéries, et notamment sur le développement de nouveaux traitements contre la tuberculose et le sida, il est un défenseur de la recherche médicale libre et indépendante et il est connu pour son approche non conventionnelle des problèmes médicaux. Le professeur Raoult est connu au niveau mondial, cité dans plus de 20 000 publications scientifiques et il a reçu de nombreux prix et distinctions, dont le prix Louis-Pasteur en 2019.

Mais sa notoriété a commencé à vaciller lorsqu'il a proposé un traitement contre le COVID-19 : la chloroquine et de l'hydroxychloroquine. Ce jour-là a signé le début des attaques venant de toutes parts contre le professeur Raoult.

Dans l'article suivant de France-Soir, vous pouvez lire une synthèse du traitement médiatique dont il a fait part.

Traitements : un sabordage organisé

*« Rapidement, le professeur Raoult a été porteur d'espoir en proposant **un traitement curatif** associant **hydroxychloroquine et azithromycine**. Des études chinoises préliminaires ont montré une efficacité de l'hydroxychloroquine ; une première étude de **l'IHU de Marseille** a ensuite confirmé ces résultats, montrant une diminution du portage viral sous traitement, puis une diminution de mortalité sur plusieurs milliers de patients et en EHPAD. Ces études observationnelles ont été conspuées (car non randomisées), le professeur Raoult insulté et ravalé au rang de charlatan, par des médecins "twitter" et "plateaux TV" se réclamant d'une **mouvance sectaire et dogmatique dénommée "No Fake Med", véritables terroristes intellectuels**. Ces derniers souhaitaient tirer au sort les malades afin de les séparer en deux groupes, ceux bénéficiant du traitement, et ceux recevant un placebo, procédure éthiquement insoutenable. »* [111]

Laurent Toubianna, ingénieur, docteur en physique

Chercheur français de l'Institut national de la santé et de la recherche médicale qui travaille au Laboratoire d'informatique médicale et d'ingénierie des connaissances en e-Santé (LIMICS), une unité mixte de recherche. Qualifié de rassuriste, il participe au film de « désinformation » Hold-Up (que je vous conseille de visionner).

Louis Fouché, (ancien) médecin anesthésiste-réanimateur

En désaccord avec la politique gouvernementale pendant le COVID-19, il fonde le collectif RéinfoCOVID. Très présent sur les réseaux sociaux, il soutient le professeur Didier Raoult et critique les confinements, ainsi que le port du masque.

Amine Umlil, docteur en pharmacie, praticien hospitalier et juriste en droit de la santé

Connu pour ses positions critiques sur les vaccins et la politique sanitaire française, il est un fervent défenseur des libertés individuelles et de la transparence des décisions

---

[111] Source : https://www.francesoir.fr/opinions-tribunes/covid-19-diagnostic-traitements-vaccin-panorama-dune-escroquerie

publiques. En 2017, Amine Umlil a été révoqué de la fonction publique hospitalière pour avoir tenu des propos « complotistes » sur les vaccins contre le COVID-19. Il a ensuite rejoint le parti politique « Debout la France ».

Luc Montagnier, virologue et immunologiste

Le Professeur Montagnier est un scientifique français de renom dans le domaine de la recherche médicale. Il est surtout connu pour sa découverte du VIH, le virus de l'immunodéficience humaine qui est à l'origine du syndrome d'immunodéficience acquise (SIDA). En 1983, avec sa collègue Françoise Barré-Sinoussi, il a isolé et identifié le VIH. Luc Montagnier a reçu le prix Nobel de physiologie ou médecine en 2008 pour cette découverte. En plus de ses travaux sur le VIH, il a contribué à d'autres domaines de la recherche médicale, notamment en microbiologie et en immunologie.

Concernant ses déclarations controversées (il a fait l'objet de nombreuses calomnies et dénigrements), Luc Montagnier a avancé l'idée que le virus responsable du COVID-19 aurait été créé en laboratoire et qu'il contiendrait des séquences du VIH, le virus du SIDA. Il a également émis des doutes sur l'efficacité des vaccins contre le COVID-19, remettant en question leur sécurité et leur utilité.

Il est décédé en juin 2022.

Christian Pérronne, médecin et infectiologue

Le Professeur Pérronne est connu pour son implication dans la lutte contre les maladies infectieuses (pathologies tropicales et les maladies infectieuses émergentes), en particulier la maladie de Lyme et il a également travaillé sur la prise en charge de la maladie COVID-19 en France.

Traité d'antivax alors qu'il était le vice-président d'un des plus gros programmes de vaccination de l'OMS, il est l'un des plus grands experts au monde de la vaccination.

Concernant ses déclarations controversées, il a notamment critiqué l'efficacité et la sécurité des vaccins et a soutenu l'utilisation de l'hydroxychloroquine pour lutter contre le COVID-19. Il a également été très critique de la gestion de la crise par le gouvernement.

Alexandra Henrion-Caude, généticienne franco-britannique

Directrice de l'INSERM de 2012 à 2018, elle découvre en 2012 l'implication d'acide ribonucléique (ARN) non codant dans des maladies génétiques. Ses travaux concernent des maladies génétiques comme la mucoviscidose et le syndrome Ravine.

Concernant ses déclarations controversées, elle s'oppose à la politique sanitaire mise en place pour gérer la crise liée à la pandémie. Elle fait également la promotion de traitements alternatifs aux vaccins, notamment l'utilisation de l'hydroxychloroquine. Elle a affirmé que les vaccins à ARN messager étaient dangereux pour l'ADN, soutenu que les vaccins contre la COVID-19 étaient responsables d'un grand nombre d'effets secondaires graves et remis en question leur efficacité.

Éric Loridan, chirurgien

Exerçant pendant 18 ans en tant que chirurgien à l'hôpital, il est suspendu (car non-vacciné) et poursuivi par l'Ordre des médecins qui lui reproche deux vidéos, diffusées en décembre 2020, puis mars 2021, dans lesquelles il remettait en cause le port du masque et la vaccination. [112]

Miguel Barthéléry, docteur en médecine moléculaire

Déclaration visible dans le documentaire « Hold-Up » partie 2.

« La science, en particulier la science du médical, est devenue une religion, avec des apostats, des inquisitions, les gens vont défendre des idées, des dogmes qu'ils ne maîtrisent même pas. Aujourd'hui il est impossible de douter du consensus scientifique. Je ne sais pas ce qu'est un consensus scientifique. Moi ce que je sais, ce qui existe, c'est la réalité. Et s'il y a un consensus scientifique, qui ne se traduit pas dans la réalité, pour moi, on est dans l'illusion ».

Les personnalités politiques

Michèle Rivasi, le poil à gratter

Députée européenne depuis 2009 (EELV).

---

[112] Source : https://lesessentiels.org/qui-sont-ils/eric-loridan/

Elle dénonce depuis longtemps la politique de l'Union européenne sur le tout vaccinal, l'influence des lobbys au sein de la commission et le manque de transparence (dont les contrats) dans les décisions prises, notamment par Ursula Van der Layen.

Virginie Joron, l'abeille qui pique

Députée européenne (Rassemblement National).

Elle dénonce depuis longtemps la corruption des institutions, le manque de transparence de l'Union européenne, la main mise des lobbys sur les décisions, la désinformation, les mesures de confinements, la corruption, elle promeut la défense des droits des citoyens.

Nicolas Dupont-Aignan, le valeureux

Député et président du parti Debout la France, il est un fervent défenseur de la souveraineté nationale et de l'identité française. Il est également un critique virulent de l'immigration et de l'Union européenne.

Il a notamment dénoncé l'obligation vaccinale pour les soignants et les personnes âgées, le passe sanitaire et le passe vaccinal, les confinements et les restrictions de déplacement. Nicolas Dupont-Aignan a estimé que ces mesures étaient liberticides et disproportionnées. Il a également affirmé qu'elles n'étaient pas efficaces pour lutter contre l'épidémie.

François Asselineau, l'intarissable

Il est le président de l'Union populaire républicaine (UPR) depuis 2007. Eurosceptique et souverainiste, il est un fervent défenseur de la sortie de la France de l'Union européenne. Il est également critique vis-à-vis de l'immigration et de la mondialisation. Il a qualifié les mesures prises par le gouvernement de « coup d'État sanitaire », de « dictature sanitaire » et de « totalitarisme sanitaire ».

Florian Philippot, l'infatigable

Il est le président du parti politique Les Patriotes, qu'il a fondé en 2017 après avoir quitté le Front national (FN). Il se réclame du gaullisme et du souverainisme. Il est connu pour ses positions anti-immigration, anti-européennes et antilibérales.

Il a qualifié les confinements de « crime » et de « mesure liberticide », les passes comme étant des outils de « discrimination » et « d'atteinte à la liberté individuelle ». Il a jugé les vaccins comme étant une « violation du droit des citoyens ». Il a organisé de nombreuses manifestations contre les mesures de lutte contre la pandémie de COVID-19 en France. Il a notamment été l'un des principaux organisateurs des manifestations contre le pass sanitaire, qui ont rassemblé des dizaines de milliers de personnes à Paris et dans plusieurs villes de France.

Martine Wonner, le roseau

Médecin psychiatre, elle a été députée de la quatrième circonscription du Bas-Rhin de 2017 à 2022 (LREM). Elle fonde en 2022 le parti politique « Agir pour la santé et la liberté ». Elle est connue pour ses positions anti-immigration, anti-européennes et anti-vaccination.

Elle est également une fervente défenseure des libertés individuelles et s'oppose à toute forme de restriction des libertés. Martine Wonner a été une ardente opposante aux mesures de lutte contre la pandémie de COVID-19 en France. Elle a notamment critiqué le confinement, le pass sanitaire et la vaccination obligatoire.

Alain Houpert, le roc

Sénateur de la Côte-d'Or depuis le 21 septembre 2008, il est membre du groupe Les Républicains du Sénat. Il est connu pour ses positions eurosceptiques, sécuritaires et conservatrices.

Il a vertement critiqué les mesures gouvernementales pendant le COVID-19. En 2022, Alain Houpert a été interdit d'exercer la médecine pour une durée de six mois par la chambre disciplinaire de l'ordre des médecins et a été condamné pour avoir tenu des propos contre les vaccins et pour avoir propagé de la « désinformation » sur la pandémie de COVID-19.

Les autres

Christine Cotton

Biostatisticienne experte pour l'industrie pharmaceutique.

Rapidement après l'arrivée des « vaccins », elle dénonce ces injections expérimentales, qui n'empêchent pas les infections et parlent sans langue de bois des effets secondaires.

André Bercoff, journaliste

Journaliste sur Sudradio, il est l'un des rares journalistes à franchir la barrière de l'idéologie dominante imposée dans les rédactions. Aussi bien pour les différents sujets abordés, ses invités que ses questions impertinentes, il a le mérite de donner la parole à tout le monde. Il ne reste pas enfermé dans un dicta et se contre fiche du politiquement correct.

Marie-Estelle Dupont, psychologue clinicienne et psychothérapeute

Elle est très critique à l'égard des mesures liberticides prises par le gouvernement, notamment en ce qui concerne les enfants et leur impact délétère et catastrophique sur leur développement psychologique.

Jérémy Mercier, docteur en recherche environnementale

Dénonçant « l'étroitesse d'esprit et la rigidité de nombreux scientifiques », il encourage son public à prendre en charge sa santé, notamment à travers l'alimentation et des techniques de santé naturelles et efficaces.

- Site : Jeremie-mercier.com

Les avocats

David Guyon, avocat en droit public

Ardent défenseur des libertés individuelles, il ne s'est pas soumis au dictat liberticide et s'est attaché à défendre le droit des citoyens et les libertés fondamentales. Il a notamment créé une plateforme numérique qui a pour « objectif de faciliter l'accès à la justice pour tous ».

- https://www.guyon-avocat.fr/click-n-justice/

Fabrice Divisio, avocat en droit public

Il est connu pour ses positions eurosceptiques, sécuritaires et conservatrices, ainsi que pour la défense de personnes accusées de crimes contre l'humanité.

Il a notamment défendu le Dr Didier Raoult, accusé de promouvoir des traitements inefficaces contre la COVID-19, ainsi que des membres du collectif C19. En 2022, Fabrice Di Vizio a été condamné à six mois d'interdiction d'exercer la profession d'avocat avec sursis pour avoir tenu des propos jugés « contraires à l'honneur et à la délicatesse » de sa profession. Il avait notamment accusé les autorités sanitaires de « crime contre l'humanité » pour leur gestion de la pandémie de COVID-19. Malgré tout, sa pugnacité et sa connaissance approfondie du droit fait qu'il reste respecté par ses pairs. Il est également un fervent défenseur des libertés individuelles.

Pour aller plus loin, je vous conseille de parcourir les sites suivants de plusieurs associations ou collectifs.

Allez voir leurs vidéos, écoutez leur contenu avant de les juger et posez-vous des questions.

- Association de défense des personnes non-vaccinées ou vaccinées sous contrainte :
https://jenesuispasundanger.com/
- Association Verity France, qui a pour but de regrouper, assister, informer et défendre les familles victimes d'effets secondaires du vaccin : https://www.verity-france.org/
- Bon sens : https://bonsens.info/
- Reinfo COVID : https://reinfoCOVID.fr/
- Le conseil scientifique indépendant : https://www.conseil-scientifique-independant.org/
- L'association internationale pour une médecine scientifique indépendante et bienveillante : https://www.aimsib.org/
- SOLIDEKLA : Association de soignants dont l'objectif est de faciliter les remontées de pharmacovigilance pour une médecine plus sûre : https://www.syndicat-liberte-sante.com/solidekla/
- COVIDHub : un site d'information indépendant sur le COVID : https://www.COVIDhub.ch/

16

Les traitements

Introduction

Sous couvert d'urgence thérapeutique, les vaccins ont été développés et injectés à la vitesse de la lumière. À cette époque, il n'était pas question de parler de traitement ni d'essayer de regarder ce qui aurait pu fonctionner, hors vaccin.

Le milieu médical, la classe politique et la presse dans son ensemble ont non seulement mis en place un silence total sur les traitements possibles, mais en plus ont ridiculisé ceux qui tentaient de tenir un discours dissident. On ne voulait pas de traitement efficace, car cela aurait fait tomber la vaccination de masse et toutes les obligations. Comme pour tout le reste qui sortait de la doxa, les réseaux sociaux ont supprimé des comptes qui parlaient d'alternatives probables à la vaccination.

Un seul mot d'ordre était admis : la vaccination.

L'hydroxychloroquine (commercialisée en France sous le nom de Plaquénil)

À quoi sert l'hydroxychloroquine ?

Ce médicament est utilisé pour lutter contre le paludisme. La forme la plus courante est sous forme de comprimé pelliculé (30), dosé à 200 mg. L'Autorisation de Mise sur le Marché date de 2004. Le prix d'une boîte est d'environ 3,40 €. Synthétisé pour la première fois en 1934 par le chimiste allemand Hans Andersag, il est approuvé en 1955 par la Food and Drug Administration (FDA) des États-Unis pour le traitement du paludisme.

Jusqu'en janvier 2020, il était disponible pour tous sans ordonnance. Mais après, ce n'était plus le cas. Surprenant, non ?

En France

L'administration d'hydroxychloroquine aux malades du COVID-19 est suggérée pour la première fois par le professeur

Didier Raoult en février 2020, sur la base d'une note publiée par des médecins chinois.

Très rapidement, les médias, les médecins et le gouvernement feront tout pour empêcher l'utilisation de ce médicament pour lutter contre le COVID-19.

Belgique

En Belgique, par exemple, le traitement sera largement utilisé dans les hôpitaux, mais l'agence fédérale du médicament va fortement en déconseiller l'utilisation par les généralistes. [113]

L'interdiction

« Que ce soit en ville ou à l'hôpital, cette molécule l'hydroxychloroquine ne doit pas être prescrite pour les patients atteints de COVID-19 », a indiqué le ministère français de la Santé dans un communiqué, après la parution d'un décret au Journal officiel (JO).

Ce décret abroge la possibilité de prescrire de l'hydroxychloroquine, hors essais cliniques suite à l'avis défavorable du Haut Conseil de la Santé publique (HCSP).

Cependant, en Allemagne, comme l'OMS, l'Institut fédéral des médicaments et des dispositifs médicaux qui est l'autorité de réglementation médicale a mis en garde contre l'hydroxychloroquine :

« Les patients COVID-19 traités par hydroxychloroquine doivent être étroitement surveillés en raison des effets secondaires graves qui peuvent survenir pendant l'utilisation », écrit l'Institut sur son site Web OMS. [114]

Par Agnès Buzin

Classée « sur la liste II des substances vénéneuses » par un arrêté du 13 janvier du directeur général de la santé, Jérôme Salomon, par délégation pour Agnès Buzyn quand elle était encore ministre de la Santé. [115]

---

[113] Source : https://www.adiac-congo.com/content/covid-19-la-belgique-gratifie-la-rdc-dun-important-lot-de-chloroquine-115128

[114] Source : https://www.lemonde.fr/planete/article/2020/05/26/covid-19-le-traitement-a-l-hydroxychloroquine-pourrait-etre-suspendu-en-france_6040828_3244.html

[115] Source : https://www.legifrance.gouv.fr/jorf/id/JORFTEXT000041400024

C'est-à-dire qu'ils ne peuvent ainsi être obtenus que sur présentation d'une ordonnance rédigée par un médecin, un chirurgien-dentiste ou une sage-femme.

L'arrêté du 13 janvier mentionne d'ailleurs qu'il a bien été pris *« sur proposition du directeur général de l'Agence nationale de sécurité du médicament et des produits de santé »*.

Déclaration d'Agnès Buzyn lors de son audition dans le cadre de la commission d'enquête COVID-19 :

« J'ai interdit la chloroquine parce que moins on prend des médicaments, mieux c'est ! »

Alors que le professeur Zahir Amoura, du service de médecine interne II de la Pitié-Salpêtrière, chef du centre national de référence du lupus, qui prescrit de longue date l'hydroxychloroquine à ses patients, objecte : *« Ça fait plus de vingt ans qu'on donne le Plaquénil à des femmes enceintes, ça réduit les poussées et on n'a pas constaté de malformation sur les fœtus. »*

Un silence total sur les traitements dénoncé

En novembre 2020, le docteur Peter A. McCullough, cardiologue américain, ancien vice-chef de médecine interne au Centre médical de l'Université Baylor et professeur à l'Université Texas A & M Université, devant le Sénat américain, dénonce la censure complète des traitements de la COVID existants.[116]

Évidemment, cette vidéo, initialement postée sur YouTube a été supprimée depuis.

Pour aller plus loin :

- France Soir [117] et Contrepoints [118]

---

[116] Source : https://rumble.com/vf9tnv-silence-total-sur-les-traitements.html
[117] Source : https://www.francesoir.fr/politique-france/le-classement-de-lhydroxychloroquine-sur-la-liste-ii-des-substances-veneneuses
[118] Source : https://www.contrepoints.org/2020/03/25/367459-covid-19-hydroxychloroquine-ou-rien

17

Les scandales

Le Paxlovid. À quoi sert ce médicament ?

Le Paxlovid est un médicament antiviral oral développé par Pfizer pour traiter le COVID-19. Il est composé de deux médicaments : le nirmatrelvir, qui bloque une enzyme nécessaire à la réplication du virus SARS-CoV-2, et le ritonavir, qui augmente la concentration sanguine du nirmatrelvir.

Pourquoi son achat est-il encore un scandale au sein de l'Union européenne ?

L'Union européenne a acheté le médicament Paxlovid en **décembre 2022** pour un montant initial de **2,2 milliards d'euros**. Le contrat a été signé avec la société Pfizer, basée aux États-Unis et a été approuvé par l'Agence européenne du médicament (EMA).

En **janvier 2023**, l'UE a augmenté le montant du contrat à **2,4 milliards d'euros**.

En **février 2023**, l'UE a annoncé qu'elle avait commandé un total de **12 millions de doses** de Paxlovid, et en **novembre 2023**, une commande supplémentaire de **5 millions de doses**.

Le montant total de la commande de Paxlovid par l'UE est donc de 2,9 milliards d'euros.

En France

En janvier 2022, le ministère de la Santé déclare l'achat en nombre du Paxlovid : 500 000 doses pour 250 millions d'euros (commande passée le 22 décembre 2021).

Le 21 janvier 2022, la Haute Autorité de santé donne son feu vert pour ce médicament.

En mars 2022, le fiasco est total : seulement 3500 patients ont été soignés. Le médicament ne se vend pas, personne n'en veut, malgré le lobbying d'Olivier Véran (ministre de la Santé) pour le fourguer partout.

Car les contre-indications de ce médicament sont nombreuses :

- Allergie grave à l'un des ingrédients du Paxlovid, notamment le nirmatrelvir, le ritonavir ou le lactose
- Insuffisance hépatique sévère
- Insuffisance rénale sévère
- Grossesse
- Allaitement
- Prise concomitante de certains médicaments, tels que :
- Des médicaments qui dépendent fortement du CYP3A, une enzyme hépatique qui métabolise le Paxlovid
- Des médicaments qui sont de puissants inducteurs du CYP3A, c'est-à-dire qui augmentent son activité

Le Paxlovid est également déconseillé chez les patients présentant les conditions suivantes :

- Maladie cardiaque grave
- Insuffisance respiratoire sévère
- Diabète non contrôlé
- Hypertension artérielle non contrôlée
- Cancer

Comme le souligne très justement Florian Philippot dans sa vidéo, ne pouvait-on pas le savoir AVANT d'acheter ce médicament ? Ils continuent à jeter notre fric par les fenêtres. Pour votre bien évidemment.

Vidéo de Florian Philippot : « COVID : un nouveau scandale Pfizer éclate ! (Paxlovid) » [119]

Alors qu'en même temps aux États-Unis…

Mai 2022

Le CDC alerte que les symptômes du COVID pouvaient revenir après avoir pris le traitement de Paxlovid. Les malades devaient s'isoler une deuxième fois et ce médicament provoquerait un rebond de contamination après avoir pris l'intégralité du traitement de Paxlovid. [120]

---

[119] Source : https://www.youtube.com/watch?v=zSpGiHtbggs
[120] Source : https://www.reuters.com/world/us/us-doctors-reconsider-pfizers-

Novembre 2023

Le centre pour le contrôle et la prévention des maladies (CDC) américain a publié un article sur Reuters le 15 novembre 2023, dans lequel il alertait sur le traitement Paxlovid. L'article, intitulé *CDC warns of rare, but serious side effects from COVID-19 drug Paxlovid*, indique que le Paxlovid pouvait provoquer des effets secondaires rares, mais graves, tels que des troubles du rythme cardiaque et des lésions musculaires.

L'article cite une étude publiée dans le *New England Journal of Medicine* qui avait trouvé que le Paxlovid était associé à un risque accru de troubles du rythme cardiaque chez les patients présentant des facteurs de risque cardiaque. L'étude indiquait aussi que la prise de Paxlovid était associée à un risque accru de lésions musculaires, en particulier chez les patients âgés ou présentant des problèmes de santé sous-jacents. [121] [122]

On a tué nos vieux sur ordonnance

Que s'est-il passé avec nos vieux dans les Établissements d'Hébergement pour Personnes Âgées Dépendantes (EHPAD) ?

Les personnes âgées ont été l'une des catégories les plus touchées par l'épidémie. Non seulement par le virus lui-même, dû à leur âge et à leur grande fragilité, mais surtout par les mesures gouvernementales les plus infectes. Afin de ne pas surcharger les hôpitaux, les personnes âgées ont été confinées dans leur établissement. L'isolement total et la rupture du lien social et familial ont conduit certains d'entre eux à se laisser mourir de tristesse et de désespoir.

Le scandale du Rivotril

Avez-vous entendu parler du Rivotril ? Il s'agit d'un médicament de la famille des antiépileptiques.

Voici les informations relatives à ce médicament d'après le Vidal.fr :

---

paxlovid-lower-risk-covid-patients-2022-05-31/

[121] Source : https://www.midilibre.fr/2022/03/24/le-ratage-du-paxlovid-500-000-boites-achetees-mais-seulement-3-500-malades-du-covid-soignes-avec-ce-medicament-10191641.php

[122] Source : https://www.lindependant.fr/2022/03/24/covid-le-fiasco-annonce-du-medicament-paxlovid-avec-500000-boites-achetees-par-la-france-et-seulement-3500-patients-en-ont-beneficie-10192326.php

Dans quel cas le médicament Rivotril est-il prescrit ?

Ce médicament est un anticonvulsivant non barbiturique qui appartient à la famille des benzodiazépines. Il est utilisé dans le traitement de certaines formes d'épilepsie en association avec un autre antiépileptique. Il est parfois utilisé seul de façon temporaire.

Contre-indications du médicament Rivotril

Ce médicament <u>ne doit pas</u> être utilisé dans les cas suivants :

- **insuffisance respiratoire grave**
- syndrome d'apnée du sommeil
- insuffisance hépatique grave
- myasthénie

Copie de la page RIVOTRIL du Vidal, édition de 1995

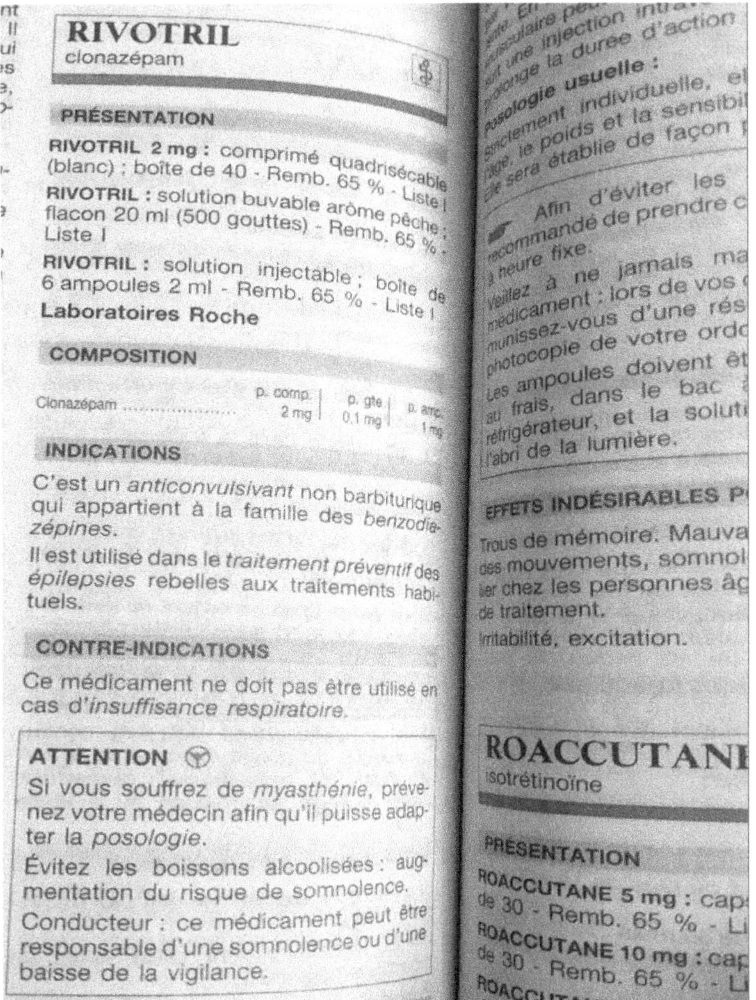

RIVOTRIL
clonazépam

PRÉSENTATION

RIVOTRIL 2 mg : comprimé quadrisécable (blanc) ; boîte de 40 - Remb. 65 % - Liste I

RIVOTRIL : solution buvable arôme pêche ; flacon 20 ml (500 gouttes) - Remb. 65 % - Liste I

RIVOTRIL : solution injectable ; boîte de 6 ampoules 2 ml - Remb. 65 % - Liste I

Laboratoires Roche

COMPOSITION

	p. comp. 2 mg	p. gte 0,1 mg	p. amp. 1 mg
Clonazépam			

INDICATIONS

C'est un *anticonvulsivant* non barbiturique qui appartient à la famille des *benzodiazépines*.

Il est utilisé dans le *traitement* préventif des *épilepsies* rebelles aux traitements habituels.

CONTRE-INDICATIONS

Ce médicament ne doit pas être utilisé en cas d'*insuffisance respiratoire*.

ATTENTION

Si vous souffrez de *myasthénie*, prévenez votre médecin afin qu'il puisse adapter la *posologie*.

Évitez les boissons alcoolisées : augmentation du risque de somnolence.

Conducteur : ce médicament peut être responsable d'une somnolence ou d'une baisse de la vigilance.

Je ne suis pas médecin, mais cela me semble assez simple à comprendre : **en cas d'insuffisance respiratoire grave, ce médicament ne doit pas être prescrit**. En effet, il aggrave la dépression respiratoire et peut donc entraîner la mort.

Pourtant, le 27 mars 2020, le décret suivant a été publié et signé par Olivier Véran :

Décret n° 2020-360 du 28 mars 2020 complétant le décret n° 2020-293 du 23 mars 2020 prescrivant les mesures générales nécessaires pour faire face à l'épidémie de COVID-19 dans le cadre de l'état d'urgence sanitaire.

Ce qui veut dire que le Rivotril, qui est habituellement prescrit pour soigner certaines crises d'épilepsie, peut aussi être *« appliqué comme sédatif pour des patients en soin palliatif »*, comme l'explique le président de la Société française de gériatrie et gérontologie (SFGG), Olivier Guérin.

- Source : Communiqué de la SFGG (version PDF)

Ce décret permet aux médecins de ville de prescrire du Rivotril sous forme injectable aux patients atteints du coronavirus, mais aussi aux pharmacies de ville de délivrer sur ordonnance ce médicament pour les « patients atteints ou susceptibles d'être atteints par le virus SARS-CoV-2 dont l'état clinique le justifie ». Avant ce texte, le Rivotril sous forme injectable *« ne pouvait être fourni que par les pharmacies hospitalières »*, précise Olivier Guérin.

- Source vidéo YouTube : Le scandale du Rivotril - Décoder l'éco [123]

Quelques témoignages

Léa, infirmière en EHPAD :

« Une crise sanitaire que les infirmières doivent gérer seules. Toutes seules. Du 16 mars au 3 avril, le SAMU ne se déplacera que deux fois. À partir du 3 avril, avec l'accalmie aux urgences, ils ont pu venir plus souvent. La première intervention est vite expédiée. On me dit, oh, c'est une fin de vie en EHPAD. On vous le laisse. On n'y peut rien. Le résident mettra une semaine à mourir. Nous, tout ce qu'on peut faire, c'est leur tenir la main, les oxygéner un peu. C'est tout. C'est une fin de vie

---

[123] Source : https://www.youtube.com/watch?v=E2I6Q9wyWf0

atroce, ils meurent asphyxiés, étouffés. Les doigts, le torse, les jambes, bleus du manque d'oxygène. Recroquevillés de douleur en position fœtale. C'est comme ça qu'ils meurent.

Léa m'explique que, devant cette situation aussi inhumaine qu'injustifiable, les autorités sanitaires ont mis en place il y a dix jours à peine, dans les EHPAD du Grand Est, un nouveau protocole (décret sur le Ritrovil). En option. Pas pour sauver non. Pour aider à mourir. On leur met une perfusion, c'est une sédation profonde. Ils mettent 2 heures à mourir, au lieu de 72.

Il y a les malades atteints par le COVID-19 et les autres. Les résidents valides. Cloîtrés. Leur sort est à peine plus enviable. "Ils sont dans leur chambre 24 h/24 depuis trois semaines. Des chambres de 10 m2 avec comme seule compagnie la télévision qui leur crache les nouvelles du COVID. Ils nous regardent passer en tenue de cosmonaute. La seule chose qu'ils voient d'humain depuis trois semaines, ce sont nos yeux. Nous, on les voit dépérir au fil des jours. C'est insupportable. Beaucoup pleurent de la situation. Certains demandent des nouvelles de la maison. Ils ont peur pour eux, peur pour les voisins de chambre. Ils sont très seuls ». [124]

Olivia Mokiejewski, dont la mère de 96 ans était en EHPAD

« On a clairement arbitré : ma grand-mère de 96 ans, en parfaite santé avant d'attraper le COVID, a été placée d'office en soins palliatifs. » [125]

Jean-Marie Robine, démographe

« Plus de la moitié des décès en France concerne des résidents d'EHPAD. Les bilans officiels de la mortalité due à la pandémie de COVID-19 ne reflètent pas la réalité, dans de nombreux pays. » [126]

---

[124] Source : https://france3-regions.francetvinfo.fr/grand-est/temoignage-coronavirus-je-suis-marquee-vie-raconte-lea-infirmiere-ehpad-1815822.html
[125] Source : https://www.francetvinfo.fr/sante/maladie/coronavirus/on-les-a-condamnes-avant-meme-qu-ils-ne-soient-contamines-ces-residents-d-ehpad-qui-ont-ete-prives-d-hopital-au-plus-fort-de-l-epidemie-de-covid-19_4047037.html

Vidéo : France 3, *Pièces à conviction* du 18 novembre 2020

Dans le documentaire de *Pièces à conviction* intitulé « COVID-19 : que se passe-t-il vraiment dans les EHPAD ? », une femme témoigne :

« Quand on a reçu ces directives, ça nous a choqués, de dire là, on ne donnait aucune chance aux personnes âgées de s'en sortir. Voilà, ça, c'était notre colère. Quand une personne âgée n'est pas hospitalisée et qu'ensuite ce qu'on lui propose c'est une sédation dès l'instant qu'elle va présenter une détresse respiratoire, ma première réaction ça a été : on nous demande de faire une euthanasie passive auprès de nos résidents ».

Aujourd'hui, le documentaire n'est plus disponible en ligne.

Extrait du livre « Médecine et totalitarisme » de Zineb Deneb, féministe et sociologue :

« En effet, dans l'infection à Sars-CoV-2, les poumons peuvent être atteints et pour compenser leur insuffisance, la fréquence respiratoire augmente le temps que le corps réussisse ou non à surmonter la maladie. En administrant le clonazepam, on empêche ce mécanisme de compensation et on retire à la personne malade une chance de guérir. Le clonazepam a donc favorisé la mort des personnes infectées par le Sars-CoV-2.

Durant cette épidémie, des médecins et des infirmières ont donc achevé les malades alors que le Sars-CoV-2 n'est pas systématiquement une maladie mortelle. Le pire est qu'un traitement antibiotique et/ou par antipaludéens de synthèse aurait pu suffire à les soigner. Les antibiotiques et les antipaludéens de synthèse ne sont pas des traitements dangereux et invasifs au point d'être interdits par une équipe de soins palliatifs que je sache. Il est même possible que des personnes âgées aient été achevées au Rivotril®. »

---

[126] Source : https://www.lemonde.fr/planete/article/2020/05/02/coronavirus-plus-de-la-moitie-des-deces-en-france-concerne-des-residents-d-ehpad_6038432_3244.html

Pierre Chaillot, auteur du livre : *COVID 19, ce que révèlent les chiffres officiels : mortalité, tests, vaccins, hôpitaux, la vérité émerge*

« Des brigades d'intervention rapide ont été mises en place pour injecter du Rivotril aux personnes âgées dans les EHPAD. La surmortalité de la vague COVID du printemps 2020 s'explique à 100 % par l'usage du Rivotril en soin palliatif chez les personnes âgées en EHPAD. »

Mise en place par l'Assistance publique (APHP), des groupes d'intervention rapide (GIR), dans le cadre de l'hospitalisation à domicile (HAD).

- Source : 28 novembre 2022, EPOCH TV

Compte rendu de la mission d'information de la conférence des Présidents sur l'impact, la gestion et les conséquences dans toutes ses dimensions de l'épidémie de Coronavirus-COVID 19

Extrait du compte rendu numéro 35 du 7 juillet 2020.

Déclaration d'Eric Ciotti, rapporteur :

« C'est particulièrement vrai au sujet de l'hospitalisation à domicile (HAD) – je pensais qu'Astrid Petit en parlerait. On a mis en place à l'Assistance publique des groupes d'intervention rapide (GIR). Vous imaginez, rien que sur le plan lexical, ce que cela peut vouloir dire – on n'est pas tellement dans le champ hospitalier. Les équipes hospitalières intervenaient dans les EHPAD pour mettre en place un protocole préétabli, faisant notamment appel au Rivotril, pour des personnes âgées présentant une dépression respiratoire. »

Déclaration du Dr Jean-Michel Constantin, médecin généraliste :

« En ce qui concerne les protocoles de prise en charge, il y a un protocole qui est un protocole de fin de vie. C'est le protocole de la Haute Autorité de Santé (HAS), qui est un protocole très lourd, qui est un protocole de

réanimation, qui est un protocole qui est extrêmement coûteux et qui est un protocole qui conduit à la mort de beaucoup de patients. »

Le Dr Constantin a également précisé que ce protocole de la HAS était basé sur des critères très stricts. Ces critères étaient notamment basés sur l'âge, l'état de santé et les comorbidités du patient. Cela signifiait que certains patients, qui auraient pu survivre, étaient exclus de ce protocole et étaient donc laissés à leur sort.

Donc, des personnes âgées, car trop vieilles, trop malades ou hors critères, ont au mieux été « traitées » avec du Rivotril, au pire laissées à leurs sorts.

Le Rivotril a également été utilisé en grande quantité dans les hôpitaux.

★ Compte rendu numéro 35 de l'Assemblée Nationale (PDF).

D'autres sources pour en savoir plus :

Articles :

- France Soir[127]
- Profession Gendarme [128]
- France TV Info [129]

Vidéos :

- France TV Info[130]
- Epoch Times France[131]
- Jean-Dominique Michel[132]

---

[127] Source : https://www.francesoir.fr/opinions-tribunes/le-scandale-du-rivotril

[128] Source : https://www.profession-gendarme.com/scandale-de-leuthanasie-le-docteur-serge-rader-temoigne-on-acheve-nos-personnes-agees-dans-les-ehpad-par-sedation-au-rivotril-grace-a-un-decret-du-29-mars-et-pour-ne-pas-presc/

[129] Source : https://www.francetvinfo.fr/sante/maladie/coronavirus/covid-19-des-proches-de-residents-denoncent-des-ehpad-prisons_4627169.html

[130] Source : https://www.francetvinfo.fr/sante/maladie/coronavirus/covid-19-des-proches-de-residents-denoncent-des-ehpad-prisons_4627169.html

[131] Source : https://www.youtube.com/watch?v=D4rkY0SBQGY

[132] Source : https://www.youtube.com/watch?v=htmpaqqfSqM

Papi et mamie dans la cuisine pour Noël

Novembre 2020 - Professeur et médecin Rémi Salomon

Invité sur Franceinfo, le président de la commission médicale d'établissement de l'AP-HP :

« C'est un virus qui est dangereux. Il ne faut pas manger avec papi et mamie, même si on a pris des précautions avant... Si je transmets le virus à papi et mamie, c'est pire que tout. Comment je vais vivre ça après ? Parce qu'ils ont un risque sérieux d'être en réanimation et éventuellement d'en mourir, il faut avoir ça en tête. Donc (...) on coupe la bûche de Noël en deux, papi et mamie mangent dans la cuisine et nous dans la salle à manger. »

Déclaration du docteur Laurent Alexandre, médecin

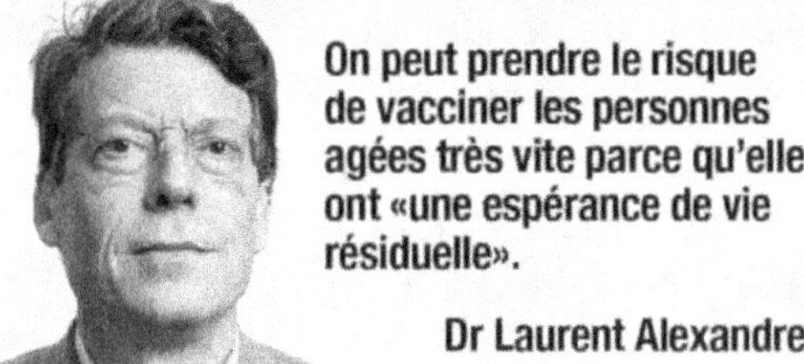

Conclusion

Les personnes âgées ont été isolées et coupées du monde. Il y a celles qui se sont laissées mourir de tristesse. Et les autres, avec des difficultés respiratoires, qui en plus d'être cloîtrées dans leur chambre pour ne surtout pas « encombrer » les hôpitaux, ont été tuées à tour de bras à coup de Rivotril, car on a estimé qu'il était préférable de les euthanasier plutôt que de les prendre en charge.

Comment une chose pareille a-t-elle pu arriver en France ?

The Lancet Gate

Introduction

Un des nombreux scandales de la crise COVID a été celui du Lancet Gate et la publication dans la revue The Lancet d'une étude foireuse pour discréditer l'utilisation de l'hydroxychloroquine pour prévenir et traiter le COVID-19.

Voyons d'abord ce qu'est cette revue.

La revue médicale The Lancet

The Lancet est l'une des revues médicales les plus prestigieuses et influentes au monde. Elle est publiée chaque semaine et couvre un large éventail de sujets liés à la médecine, à la santé publique et à la recherche médicale. The Lancet publie des articles de recherche, des études cliniques, des revues de littérature et d'autres contenus liés à la médecine et à la santé. Elle a été fondée en 1823 et a une longue histoire d'excellence en matière de publication de recherches médicales de haute qualité. Elle a contribué à faire avancer la science médicale et à influencer les pratiques médicales dans le monde entier. La revue est lue par des chercheurs, des cliniciens, des professionnels de la santé, des décideurs et d'autres personnes intéressées par les développements dans le domaine de la médecine et de la santé.

Elle couvre un large éventail de domaines, notamment la recherche clinique, l'épidémiologie, la santé mondiale, la médecine translationnelle et bien d'autres. Elle joue un rôle important dans la diffusion de nouvelles découvertes et de connaissances médicales à la communauté mondiale de la santé.

Quel est ce fameux « Lancet Gate » ?

Une étude scientifique a été publiée dans le Lancet le 22 mai 2020, concluant à l'inefficacité de l'hydroxychloroquine dans le traitement du COVID-19.

Mais rapidement, plusieurs scientifiques, dont le professeur Didier Raoult, ont exprimé des doutes quant à la rigueur scientifique de cette étude. Doutes exprimés sur les réseaux sociaux (vous savez, ces réseaux utilisés par les complotistes et qu'il faut absolument maîtriser pour votre bien…).

Au centre de cette affaire du Lancet Gate se trouve une start-up américaine méconnue qui a fourni les données initiales à partir de 96 000 dossiers médicaux électroniques de patients atteints de COVID-19. Cependant, il s'est avéré que cette entreprise était en réalité une entité fictive, dirigée par des individus dont les antécédents étaient largement éloignés du domaine scientifique. Parmi eux, on trouve une ancienne mannequin de charme qui occupait le poste de directrice des ventes, ainsi qu'une rédactrice scientifique dont la spécialité était la science-fiction, entre autres.

L'interdiction de l'hydroxychloroquine

Le gouvernement français a pris une décision rapide basée sur cette étude, retirant précipitamment l'hydroxychloroquine des protocoles de traitement contre la COVID-19. Cette mesure a été suivie par une action similaire de l'Organisation mondiale de la Santé (OMS), qui a par précaution suspendu les essais cliniques portant sur l'hydroxychloroquine dans plusieurs pays. L'Agence du médicament (ANSM) a annoncé qu'elle emboîtait le pas en suspendant les essais organisés en France.

Dans le même temps, l'essai européen Discovery, examinant l'efficacité de divers traitements contre le COVID-19, a interrompu l'inclusion de nouveaux patients dans le groupe recevant de l'hydroxychloroquine, selon l'INSERM, l'institut de recherche français coordonnant cette étude.

Cette décision a été motivée par des publications scientifiques, notamment une étude récente publiée dans The Lancet, qui a conclu à l'inefficacité, voire à la nocivité de l'utilisation de la chloroquine et de ses dérivés, tels que l'hydroxychloroquine, contre le COVID-19. L'INSERM a expliqué cette démarche dans un communiqué transmis à l'AFP, soulignant les résultats de ces études observationnelles comme facteur déterminant dans la révision des protocoles. [133]

Pour aller plus loin sur l'essai Discovery et ses zones d'ombre :

---

[133] Source : https://www.letemps.ch/sciences/sante/france-interdit-lhydroxychloroquine-traiter-covid19

- France Soir[134]
- Edition France Soir[135]

Retrait de l'étude

Cette étude totalement bidon a été retirée par le Lancet le 4 juin 2020. Mais le mal était fait. La confiance du public dans la science et la fiabilité des résultats scientifiques à commencer à s'effriter.

 Étude du Lancet retirée (PDF).

Conclusion

Ce scandale a surtout mis en lumière la possibilité, sur des faits prétendument scientifiques, que tout pouvait être manipulé, de mauvaise qualité et être malgré tout publié dans une revue scientifique honorable et respectable.

La question est donc la suivante : sur quels autres sujets nous a-t-on menti sans que nous ne soyons en mesure de le savoir aujourd'hui ? Combien de temps avons-nous perdu ? Combien de vies détruites dues à ce « contre-temps » orchestré pour couler un traitement potentiellement prometteur qui aurait pu sauver des vies ?

Pour aller plus loin :

- TV5 Monde[136]
- Le Temps.ch[137]

Les lockdownfiles

Introduction

Après les « tweeters files » de décembre 2022 (révélations faites par Elon Musk de la censure concernant l'affaire Hunter Biden, de Donald Trump…), place aux « lockdown files ».

---

[134] Source : https://www.francesoir.fr/politique-france/enquete-comprendre-les-deux-mois-de-retard-pour-lapplication-du-traitement-la

[135] Source : https://edition.francesoir.fr/politique-france/suite-de-lenquete-discovery-pourquoi-les-2-mois-de-retard-risquent-detre-plus-que

[136] Source : https://information.tv5monde.com/international/etude-retiree-du-lancet-la-science-lepreuve-des-revues-scientifiques-37379

[137] Source : https://www.letemps.ch/sciences/sante/trois-auteurs-letude-lancet-lhydroxychloroquine-se-retractent

Que sont les « lockdown files » ?

*« Les **Lockdown Files** (fichiers du confinement) sont une série d'articles du Daily Telegraph contenant des preuves, des analyses, des spéculations, des commentaires et des opinions concernant plus de 100 000 messages WhatsApp obtenus de l'ancien secrétaire à la Santé Matt Hancock qui leur ont été divulgués 1, 2, 3. Ce fichier, relatif aux confinements du COVID-19 au Royaume-Uni, a été remis au Telegraph par Isabel Oakeshott, qui avait travaillé avec Hancock sur son livre Pandemic Diaries4. Oakeshott a déclaré que la publication de ces messages était motivée par la lenteur de l'enquête britannique sur le COVID-19 et sa crainte que les conclusions ne soient un "blanchiment", citant l'argent public utilisé dans une action en justice pour expurger les noms des responsables. »* [138]

Ces documents révèlent surtout que tout était décidé, organisé et prémédité afin d'affoler les populations (notamment anglaise). L'utilisation de la peur, encore et toujours, pour soumettre la population afin qu'elle se conforme aux obligations dictées par le ministère de la Santé.

En décembre 2020, il déclarait dans un message WhatsApp à son conseiller en communication, Damon Poole :

« When do we deploy the new variant ? »

« Quand va-t-on déployer le nouveau variant ? »

Article du Telegraph qui révèle le scandale :

* Source : Telegraph.co [139]

---

[138] Source : https://fr.wikipedia.org/wiki/Lockdown_Files
[139] Source : https://www.telegraph.co.uk/news/2023/03/04/project-fear-covid-lockdown-files-matt-hancock-whatsapp/

Pour aller plus loin sur le sujet :

- Les Echos[140]
- Blast-info[141]
- France Soir[142]

Vidéos :

o Egalité et conciliation[143]

Virginie Joron

o Youtube[144]

---

[140] Source : https://www.lesechos.fr/monde/europe/en-angleterre-les-lockdown-files-jettent-une-lumiere-crue-sur-la-gestion-du-covid-1911628

[141] Source : https://www.blast-info.fr/articles/2023/lockdown-files-le-scandale-sanitaire-en-mode-british-NWDYws6wSgqrwdWhyC2UPA

[142] Source : https://www.francesoir.fr/politique-monde/lockdown-files-comment-l-ancien-secretaire-d-etat-la-sante-anglais-matt-hancock

[143] Source : https://egaliteetreconciliation.fr/Covid-19-en-Grande-Bretagne-les-Lockdown-files-ce-scandale-d-Etat-dont-on-ne-parle-pas-71837.html

[144] Source : https://www.youtube.com/watch?v=pfLQ0CD5vKg

18

Les laboratoires pharmaceutiques

Introduction

Qui dit santé dit médicaments et vaccins. Mais il serait trompeur de ne pas parler des laboratoires pharmaceutiques qui sont la clef de voute du système de santé. Parler de l'industrie pharmaceutique revient à parler de big Pharma.

Big Pharma est un terme utilisé pour désigner l'industrie pharmaceutique dans son ensemble, mais plus précisément les plus gros groupes la composant. Il est notamment utilisé dans le cadre de la dénonciation du lobbying pharmaceutique.

Le terme Big Pharma est apparu dans les années 1980, en réponse à la montée en puissance de l'industrie pharmaceutique. Cette industrie a connu une croissance rapide au cours des dernières décennies, et les grandes entreprises pharmaceutiques sont devenues des acteurs économiques majeurs.

Les plus connus (et les plus gros) sont : Pfizer, Novartis, Roche, Sanofi, Johnson & Johnson, AbbVie, Gilead Sciences, AstraZeneca et Merck & Co.

Mais plusieurs aspects de Big Pharma doivent être abordés pour savoir de qui on parle exactement.

Les conflits d'intérêts

L'une des problématiques des conflits d'intérêts, c'est qu'ils sont le plus souvent cachés et difficiles à découvrir. Ce dont je vais parler n'est que la partie émergée de l'iceberg.

Un conflit d'intérêts est une situation dans laquelle une personne est confrontée à des intérêts concurrents qui pourraient l'amener à prendre une décision qui n'est pas dans le meilleur intérêt de ses obligations.

Les conflits d'intérêts sont tellement nombreux qu'il est impossible de tous les citer. Mais attardons-nous sur quelques-uns qui doivent être mis en lumière.

Olivier Véran, ministre de la Santé de la France de 2020 à 2022

Gilead

Gilead a été un important donateur de la campagne d'Olivier Véran pour les élections législatives de 2022. L'entreprise a également été invitée à participer à des réunions du comité scientifique chargé de conseiller le gouvernement français en matière de COVID-19.

Jean-François Salomon, directeur général de la santé de la France de 2018 à 2022

Aujourd'hui assistant-directeur général à l'OMS.

Gilead

Il avait reçu une rémunération de l'entreprise pour des travaux de conseil.

Les liens entre Gilead, Véran et Salomon ont été au cœur d'une enquête de la Commission d'enquête du Sénat français sur la gestion de la pandémie de COVID-19. Évidemment, l'enquête a conclu que ces liens n'avaient pas eu d'influence sur les décisions du gouvernement français…

Pfizer

Jean-François Salomon a été chargé de conseiller le gouvernement français sur la gestion de la pandémie de COVID-19. Il a notamment été responsable de la recommandation de l'utilisation du vaccin Comirnaty. Selon une enquête du journal Le Monde publiée le 20 juillet 2023, Jean-François Salomon a reçu des rémunérations de Pfizer pour des travaux de conseil réalisés entre 2017 et 2020. Il a également été membre du conseil d'administration d'une société de conseil en santé qui a reçu des financements de Pfizer.

Autre fait troublant, Jean-François Salomon a vendu l'intégralité de ses actions du laboratoire Pfizer le 20 juillet 2023, soit le jour même de la publication de l'enquête du journal Le Monde. Étrange coïncidence, n'est-ce pas ?

Jean-François Delfraissy, président du Conseil scientifique COVID-19

Aujourd'hui président du Comité consultatif national d'éthique pour les sciences de la vie et de la santé.

Pfizer

Il a été mis en cause à plusieurs reprises pour ses liens avec des entreprises pharmaceutiques.

En 2020, il a été révélé qu'il avait reçu des rémunérations de la part de plusieurs laboratoires pharmaceutiques, dont Pfizer, pour des travaux de conseil réalisés entre 2017 et 2020. Il a également été membre du conseil d'administration d'une société de conseil en santé qui a reçu des financements de Pfizer. En 2023, Jean-François Delfraissy a été nommé président de la Haute Autorité de santé (HAS).

Article du Figaro sur les conflits d'intérêts dénoncés par sept parlementaires. [145]

Karine Lacombe, chercheuse et infectiologue, cheffe de service hospitalier des maladies infectieuses à l'hôpital Saint-Antoine à Paris

Star des journaux télévisés, elle était très présente sur les plateaux télé pendant l'épidémie et nous gratifiait de son expertise sur l'épidémie COVID-19 en ventant les vaccins et l'utilisation des masques. Ses conflits d'intérêts n'ont été déclarés publiquement qu'en 2022. Voici ces liens (officiels) déclarés :

- Membre du conseil d'administration de Gilead Sciences
- Consultante pour Gilead Sciences, AbbVie et Merck
- Membre du comité consultatif scientifique de la Fondation Bill & Melinda Gates
- Membre du comité consultatif scientifique de l'Institut Pasteur

---

[145] Source : https://www.lefigaro.fr/politique/covid-19-inquiets-de-possibles-conflits-d-interets-sept-parlementaires-pressent-veran-de-lancer-une-enquete-20210112

- Membre du comité consultatif scientifique de l'Agence nationale de sécurité du médicament et des produits de santé (ANSM).

Pourtant, cela n'a jamais été communiqué au public avant chacune de ses interventions. Et aucun journaliste, en préambule, ne lui a demandé d'en faire mention.

Le lobbying de Big Pharma

Quand on parle de lobbying, on parle d'argent. Et dans ce domaine, Big Pharma est champion de l'arrosage financier au sens large. C'est l'un des principaux groupes de pression en France sur les décideurs politiques afin d'influer les politiques publiques en leur faveur.

Les activités de lobbying de l'industrie pharmaceutique en France sont variées. Elles comprennent notamment :

- Le financement de la recherche scientifique et de la formation des professionnels de santé.
- L'organisation de conférences et de séminaires sur des sujets de santé.
- Le placement de lobbyistes au sein des cabinets ministériels et des agences publiques.
- Le financement de campagnes électorales.

Les objectifs du lobbying de l'industrie pharmaceutique sont multiples et ont pour objectifs de :

- Favoriser l'adoption de nouvelles lois et réglementations qui favorisent les intérêts de l'industrie.
- Protéger les intérêts financiers de l'industrie face à la concurrence des génériques et des biosimilaires.
- Retarder l'introduction de nouvelles mesures de contrôle des prix des médicaments.
- Promouvoir l'utilisation de nouveaux médicaments, même si ces médicaments sont coûteux ou dangereux.

En 2022, une enquête de l'association de consommateurs UFC-Que Choisir a révélé que les laboratoires pharmaceutiques français avaient dépensé **plus de 100 millions d'euros en lobbying auprès des décideurs politiques entre 2017 et 2021**. L'enquête a également révélé que les laboratoires pharmaceutiques français avaient ciblé en particulier les agences publiques de santé, telles que l'Agence nationale de sécurité du médicament et des produits de santé (ANSM) et la Haute Autorité de santé (HAS). L'UFC-Que Choisir a conclu que le lobbying de l'industrie pharmaceutique en France était « excessif » et qu'il « nuisait à l'intérêt général ». L'association a appelé le gouvernement français à prendre des mesures pour limiter les activités de lobbying de l'industrie pharmaceutique.

Donc pour résumer, Big Pharma, qui produit des vaccins, verse des millions d'euros à des scientifiques et à des professionnels de santé, à des hommes politiques, à des cabinets ministériels. Et ces derniers seraient totalement indépendants dans leur avis quant à l'usage ou à l'efficacité de ces mêmes vaccins injectés aux trois quarts de la population ? J'ai comme un gros doute.

Pfizer : 25 millions de dollars dans 19 entreprises de lobbying pour faire passer des lois qui l'arrangent

- Scandale COVID : Pfizer a injecté 25 millions dollars dans 19 entreprises de lobbying pour faire passer des lois qui l'arrangent. [146]

- Gros scandale : entre 2020 et 2021, Big Pharma a dépensé plus de 30 millions d'euros pour « acheter » l'Union européenne. [147]

Un autre exemple des actions menées par les laboratoires : des pressions exercées sur l'Agence européenne des médicaments pour approuver rapidement les vaccins de Pfizer-BioNTech. [148]

Des laboratoires irresponsables en cas d'effets secondaires

Est-il possible qu'une société qui fabrique et qui commercialise un produit ne soit pas responsable de ces effets ? Eh bien oui, c'est ce qui est prévu dans les contrats signés entre les laboratoires et les états (ainsi que l'Union européenne) !

---

[146] Source : https://lecourrier-du-soir.com/scandale-covid-pfizer-a-injecte-25-millions-dollars-dans-19-entreprises-de-lobbying-pour-faire-passer-des-lois-qui-larrangent/

[147] Source : https://lecourrier-du-soir.com/gros-scandale-entre-2020-et-2021-big-pharma-a-depense-plus-de-30-millions-deuros-pour-acheter-lunion-europeenne-2/

[148] Source : https://www.lemonde.fr/planete/article/2021/01/16/vaccins-ce-que-disent-les-documents-voles-a-l-agence-europeenne-des-medicaments_6066502_3244.html

C'est le cas pour les effets secondaires des vaccins (vous savez, ceux dont parlaient les méchants complotistes et qui n'existaient pas).

Le 8 décembre 2021 sur LCI, Olivier Véran présentait deux cas de figure :

> *« Si le produit est défectueux, c'est le laboratoire qui est responsable, pénalement et contractuellement »*, mais il ajoute *« s'il y a des effets indésirables liés au vaccin, qui ne pouvaient pas être identifiés... le laboratoire doit démontrer qu'il n'était pas au courant et n'avait pas moyen de l'être. »*

Pour résumer, une close de non responsabilités pour dédouaner les laboratoires, notamment en cas d'effets secondaires.

Vaccins : Clause ou pas clause de non-responsabilité des labos :

- Source : Whatsupdoc Lemag[149]

Mais pour les victimes d'effets secondaires, le combat est presque perdu d'avance : dans une décision rendue en 2023, la Cour de cassation a rejeté la demande d'indemnisation d'une victime d'effets secondaires graves (myocardite après avoir reçu une dose) d'un vaccin contre le COVID-19. La Cour a estimé que le laboratoire pharmaceutique n'avait commis aucune faute et que l'état des connaissances scientifiques et techniques au moment de la mise sur le marché du vaccin ne permettait pas de déceler l'existence de ces effets secondaires. De quoi faire jurisprudence pour les procès à venir.

Scandale sur les contrats d'achat de vaccins

L'Union européenne a signé des contrats d'achat de vaccins contre la COVID-19 avec sept fabricants : BioNTech/Pfizer, Moderna, AstraZeneca, Janssen, CureVac, Novavax et Sanofi/GSK. Ces contrats, signés entre juin 2020 et novembre 2021, sont totalement inaccessibles et opaques. Et les commandes ont été réalisées par l'Union européenne de façon unilatérale.

---

[149] Source : https://www.whatsupdoc-lemag.fr/article/vaccins-clause-ou-pas-clause-de-non-responsabilite-des-labos

Les contrats prévoient l'achat de 4,6 milliards de doses de vaccins, pour un montant total de 71 milliards d'euros. Les vaccins sont livrés progressivement, en fonction de l'approbation des autorités sanitaires de l'UE.

Les contrats prévoient également des clauses de solidarité, qui permettent à l'UE de redistribuer les doses de vaccins aux États membres qui en ont besoin.

En 2023, le parquet européen a lancé une enquête sur l'achat de vaccins contre la COVID-19. Cette enquête vise à déterminer si les contrats ont été conclus de manière transparente et à un prix équitable.

Pour en savoir plus :

- Liberation[150]
- Nouvelobs[151]
- BBC[152]
- Le Monde[153]

Les lourdes condamnations judiciaires des laboratoires de Big Pharma

En bref, quelques condamnations des principaux laboratoires. Pensiez-vous que nous pouvions leur faire confiance, notamment en ce qui concerne les vaccins COVID-19 ? Ces entreprises sont des multicondamnés par la justice pour tout un tas d'infractions qui ne montrent qu'une seule chose : leur priorité n'est pas votre santé, mais le profit et l'argent, votre argent à travers les impôts et ce que vous payez pour votre mutuelle.

---

[150] Source : https://www.liberation.fr/checknews/covid-19-les-eurodeputes-haussent-le-ton-pour-obtenir-la-transparence-sur-les-contrats-entre-pfizer-et-la-commission-europeenne-20230114_J34PJ2EJRBHMHKX2XWJGQF7CDQ/

[151] Source : https://www.nouvelobs.com/coronavirus-de-wuhan/20221014.OBS64645/le-parquet-europeen-enquete-sur-l-achat-de-vaccins-anti-covid-par-l-ue.html

[152] Source : https://www.bbc.com/afrique/monde-55855150

[153] Source : https://www.lemonde.fr/societe/article/2020/09/30/conflit-d-interets-l-impossible-acces-aux-contrats-conclus-entre-les-laboratoires-et-les-medecins_6054218_3224.html

Je sais que c'est fastidieux, mais lisez l'intégralité des condamnations ci-dessous pour vous rendre compte réellement de ce que sont les laboratoires pharmaceutiques.

PFIZER

• **En 2009,** Pfizer a été condamné par un tribunal fédéral américain pour avoir fait la **promotion illégale de quatre médicaments** : le Bextra, un anti-inflammatoire ; le Geodon, un antipsychotique ; le Zyvox, un antibiotique et le Lyricia, un antiépileptique. Pfizer a été reconnu coupable d'avoir fait de **fausses déclarations sur l'efficacité et la sécurité de ces médicaments**, et d'avoir **versé des pots-de-vin aux médecins** pour les inciter à les prescrire. L'amende de 2,3 milliards de dollars était la plus importante jamais infligée à une entreprise pharmaceutique.

• **En 2016,** Pfizer a été condamné à une amende de 84,2 millions de livres sterling par la Haute Cour de justice britannique pour avoir surfacturé le prix de son médicament contre l'épilepsie, le Lyrica.

• **En 2020,** Pfizer a été condamné à une amende de 485 millions de dollars par la Securities and Exchange Commission (SEC) américaine pour avoir **versé des pots-de-vin** à des médecins et des hôpitaux en Chine.

• **En 2021,** Pfizer a été condamné à une amende de 200 millions de dollars par la Federal Trade Commission (FTC) américaine pour avoir fait de **fausses déclarations sur l'efficacité de son médicament contre le cancer**, le Sutent.

• **En 2022,** Pfizer a été condamné à une amende de 2,2 milliards de dollars par le Department of Justice américain pour avoir **versé des pots-de-vin à des médecins et des hôpitaux** en Afrique pour les inciter à prescrire ses médicaments.

• **En 2023,** Pfizer a été condamné à une amende de 1,5 milliard de dollars par le Department of Justice américain pour avoir fait de **fausses déclarations sur les risques de ses médicaments contre l'hypertension artérielle**, le Lipitor et le Norvasc.

• **En 2023,** Pfizer fait l'objet d'une enquête par le Parquet européen pour **des soupçons de corruption dans le cadre de la vente de son vaccin contre le COVID-19**.

JOHNSON & JOHNSON

• **En 2017,** Johnson & Johnson a été condamné à une amende de 1,3 milliard de dollars par le Department of Justice américain pour avoir fait de **fausses déclarations sur les risques de son médicament** contre les ulcères, le Risperdal.

• **En 2018,** Johnson & Johnson a été condamné à une amende de 4,7 milliards de dollars par un jury fédéral américain pour avoir vendu des produits à base de talc contenant de l'amiante, qui aurait causé des cancers des ovaires.

• **En 2019,** Johnson & Johnson a été condamné par un tribunal fédéral américain pour avoir fait la **promotion illégale de trois médicaments** : le Risperdal, un antipsychotique ; le Topamax, un antiépileptique et le Zyvox, un antibiotique. Johnson & Johnson a été reconnu coupable d'avoir fait de **fausses déclarations sur l'efficacité et la sécurité de ces médicaments**, et d'avoir versé des **pots-de-vin aux médecins pour les inciter à les prescrire**. L'amende de 2,2 milliards de dollars était la deuxième plus importante jamais infligée à une entreprise pharmaceutique.

• **En 2020,** Johnson & Johnson a été condamné à une amende de 230 millions de dollars par le Department of Justice américain pour avoir versé **des pots-de-vin à des médecins et des hôpitaux en Chine** pour les inciter à prescrire ses médicaments.

• **En 2023,** Johnson & Johnson fait l'objet d'une enquête par le Parquet européen pour des soupçons de corruption dans le cadre de la vente de son vaccin contre le COVID-19.

ASTRAZENECA

• **En 2010,** AstraZeneca a été condamné à une amende de 520 millions de dollars par le Department of Justice américain pour avoir fait la **promotion illégale de ses**

médicaments contre le cholestérol, le Crestor, et contre la schizophrénie, le Seroquel. AstraZeneca a été reconnu coupable d'avoir fait de **fausses déclarations sur l'efficacité et la sécurité de ces médicaments**, et d'avoir versé **des pots-de-vin** aux médecins pour les inciter à les prescrire.

• **En 2012,** AstraZeneca a été condamné à une amende de 50 millions de dollars par le Department of Justice américain pour avoir **versé des pots-de-vin à des médecins en Chine** pour les inciter à prescrire ses médicaments.

• **En 2021,** AstraZeneca a été condamné à une amende de 1,2 milliard de dollars par le Department of Justice américain pour avoir fait de **fausses déclarations sur les risques de son médicament contre l'asthme**, le Singulair. AstraZeneca a été reconnu coupable d'avoir fait de **fausses déclarations sur le risque d'effets secondaires graves** du Singulair, notamment d'hépatite.

• **En 2023,** AstraZeneca fait l'objet d'une enquête par le Parquet européen pour des soupçons de corruption dans le cadre de la vente de son vaccin contre le COVID-19.

SANOFI

• **En 2013,** Sanofi a été condamné par un tribunal fédéral américain pour avoir fait la **promotion illégale de deux médicaments** : le Lovenox, un anticoagulant ; et le Plavix, un médicament contre les crises cardiaques. Sanofi a été reconnu coupable d'avoir fait de **fausses déclarations sur l'efficacité et la sécurité de ces médicaments**, et d'avoir versé des pots-de-vin aux médecins pour les inciter à les prescrire. L'amende de 600 millions de dollars était la sixième plus importante jamais infligée à une entreprise pharmaceutique.

• **En 2014,** Sanofi a été condamné à une amende de 250 millions de dollars par le Department of Justice américain pour avoir **versé des pots-de-vin** à des médecins en Chine pour les inciter à prescrire ses médicaments.

• **En 2016,** Sanofi a été condamné à une amende de 230 millions de dollars par la Commission européenne pour avoir **surfacturé ses médicaments contre le diabète en Europe**.

• **En 2020,** Sanofi a été condamné à une amende de 100 millions de dollars par le Department of Justice américain pour avoir fait de fausses déclarations sur les risques de son médicament contre le cancer, le Taxotere.

SERVIER

• **En 2010,** Servier, un laboratoire pharmaceutique français, a été condamné à une amende de 225 millions d'euros par le tribunal de Paris pour avoir **commercialisé illégalement le médicament Diane 35**, un contraceptif hormonal. Servier a été reconnu coupable d'avoir dissimulé les risques de thrombose veineuse liés à ce médicament.

• **En 2016,** Servier a été condamné à une amende de 100 millions d'euros par le tribunal de Paris pour avoir fait de **fausses déclarations sur les risques de son médicament antihypertenseur**, le Perindopril. Servier a été reconnu coupable d'avoir minimisé le risque d'angiœdème lié à ce médicament.

• **En 2021,** Servier a été condamné par le tribunal correctionnel de Paris à une amende de 2,718 millions d'euros pour **"tromperie aggravée" et "homicides et blessures involontaires"**. Servier a été reconnu coupable d'avoir commercialisé **le Mediator**, un médicament antidiabétique, pendant 33 ans alors qu'il connaissait sa toxicité. **Le Mediator a causé la mort de plus de 10 000 personnes**.

• **En 2023,** Servier a été condamné à une amende de 100 millions d'euros par le tribunal de Paris pour avoir fait de **fausses déclarations sur les risques de son médicament contre l'ostéoporose**, le Bonviva. Servier a été reconnu coupable d'avoir minimisé le risque de fracture de la hanche lié à ce médicament.

• **En 2023,** Servier fait l'objet d'une enquête par le Parquet européen pour des soupçons de corruption dans le cadre de la vente de son vaccin contre le COVID-19.

Conclusion

Que peut-on donc en conclure ? Entre les confits d'intérêts de tout ce petit monde, le lobbying incontrôlé et incontrôlable de Big Pharma, ses multiples condamnations à des faits graves et avérés sur ses médicaments, pouvez-vous toujours en votre âme et conscience leur faire confiance ?

Une seule phrase permet de tout résumer concernant la balance « bénéfices/risques » et qui reste valable pour les médicaments comme pour les vaccins : les bénéfices pour eux, les risques pour nous.

19

Les organismes qui veillent à votre santé

L'organisation mondiale pour la Santé

Qu'est-ce que l'OMS ?

Voici une définition assez fidèle qui provient du site actu-environnement.com.

> *« L'Organisation mondiale de la santé, institution spécialisée des Nations Unies pour la santé, a été fondée le 7 avril 1948 et a pour but d'amener tous les peuples au niveau de santé le plus élevé possible.*
>
> *La santé est définie comme un état de complet bien-être physique, mental et social et ne consiste pas seulement en une absence de maladie ou d'infirmité.*
>
> *L'organisation est dirigée par les 194 États membres réunis à l'Assemblée mondiale de la Santé.*
>
> *Cette assemblée est composée des délégués représentant les États membres. Elle a pour fonctions principales d'approuver le programme et le budget de l'OMS pour l'exercice biennal suivant et de statuer sur les grandes orientations politiques de l'Organisation. »* [154]

Pour résumer, elle est l'institution internationale du système des Nations Unies spécialisée dans la santé. Chaque année, des délégués de tous les États membres se réunissent pour convenir des priorités et des objectifs de l'Organisation à travers son organe directeur qu'est l'Assemblée mondiale de la Santé.

---

[154] Source : https://www.actu-environnement.com/ae/dictionnaire_environnement/definition/organisation_mondiale_de_la_sante_oms.php4

Financement de l'OMS

Principaux contributeurs à l'OMS en 2023

Rang	Pays	Contribution (en millions de $)
1	États-Unis	1 000
2	Allemagne	700
3	Japon	500
4	Royaume-Uni	400
5	France	300

Financement de l'OMS en 2023

Source de financement	Montant (en millions de $)	Part (%)
Contributions fixées des États Membres	1000	16
Contributions volontaires d'États Membres et d'autres partenaires	5100	84
Total	**6 100**	**100**

L'OMS est financée par deux sources principales : les contributions fixées des États membres et les contributions volontaires d'États membres et d'autres partenaires. Les contributions fixées représentent environ 16 % du budget de l'OMS, tandis que les contributions volontaires représentent environ 84 %.

Un contributeur majeur au financement de l'OMS mérite d'être mis en lumière : la Fondation Bill et Melinda Gates. Voici un récapitulatif des contributions de la fondation à l'OMS, représentant la moitié de la contribution américaine. La présence significative de cette fondation dans le financement suscite une réflexion.

Année	Montant (en millions de $)
2023	510
2022	500
2021	490
2020	480
2019	470

Notez que Bill Gates, axant ses intérêts sur l'agriculture OGM et la vaccination de masse plutôt que sur des remèdes naturels, occupe une position influente au sein de l'OMS. Il est légitime de se questionner si cette orientation explique la volonté de l'OMS de promouvoir massivement la vaccination à l'échelle mondiale.

La philanthropie capitaliste de Bill Gates au sein de l'OMS lui confère le pouvoir de sélectionner les programmes auxquels il souhaite participer. Bien que l'OMS ne soit pas sa propriété, son influence en coulisse est indéniable, compte tenu du poids financier de sa fondation au sein de l'organisation, ce que dénonce Lionel Astruc dans son livre *L'Art de la fausse générosité : la Fondation Bill & Melinda Gates* (Actes Sud, 2019).

Les scandales de l'OMS

2009 - grippe H1N1 ou grippe A

Changement de la définition de pandémie par l'OMS

En ce qui concerne la grippe A, l'OMS avait prédit environ 7,4 millions de décès dans le monde.

Mais au final, seuls 18 114 ont été dénombrés depuis avril 2009.

En mai 2009, l'OMS décide de changer la définition d'une pandémie. Il était possible alors de lire la définition suivante sur son site :

« Une pandémie de grippe se produit lorsqu'apparaît un nouveau sous-type de virus dont personne n'est à l'abri. Plusieurs épidémies peuvent se déclarer simultanément

Au moment où l'Organisation mondiale de la santé a sonné l'alarme face à la menace de la grippe A, sa gestion de la pandémie a été soumise à une critique intense. Le retrait du critère de mortalité a déclenché des préoccupations majeures, faisant craindre l'émergence d'alertes sanitaires mondiales constantes pour tout nouveau virus, indépendamment du nombre de décès, et ce en dépit des données recueillies sur le terrain.

La déclaration officielle de pandémie par l'OMS revêt une importance cruciale, en particulier en raison des contrats conclus entre les fabricants de vaccins et les gouvernements. Ces accords stipulent catégoriquement que **la production ne peut débuter qu'après l'annonce officielle de pandémie par l'OMS**. Cette proclamation enclenche également une procédure exceptionnelle et accélérée au niveau européen, autorisant les laboratoires à amorcer la production de vaccins et à bénéficier de financements publics, créant ainsi une opportunité de profit.

L'OMS a changé la définition et les critères d'une pandémie.

Jusqu'à mai 2009, une pandémie devait être à la fois très contagieuse sur le plan géographique et très grave en nombre de morts.

Les liens des experts de l'OMS avec les laboratoires

Vidéo à regarder pour aller plus loin :

« Souvenir souvenir : H1N1 OMS sur la sellette accusée d'avoir changé la définition par Lep_tau »

- Source : Crowdbunker[155]

Mai 2020 - la censure de l'OMS

L'OMS a récemment publié un rapport indépendant sur la gestion de la pandémie de COVID-19 en Italie, soulignant une impréparation marquée du pays face à la crise. Le document, retiré un jour après sa publication, a exposé la réponse chaotique de l'Italie, caractérisée par une première vague de contaminations massives au début de 2020, avec près de

---

[155] Source : https://crowdbunker.com/v/GvSKrlFhSPM

70 000 décès. Les auteurs ont critiqué le plan anti-pandémie italien, qualifié de simple copié-collé de celui adopté en 2006.

Le retrait du rapport a soulevé des accusations de camouflage par l'OMS des errements du gouvernement italien, provoquant une indignation en Italie et des condamnations de plusieurs pays européens. Bien que l'OMS n'ait pas confirmé si le retrait visait à protéger le gouvernement italien, le timing suscite des interrogations, intervenant peu après que Rome a versé une contribution de 10 millions de dollars à l'organisation.

Cette affaire a conduit à une enquête de la justice italienne sur Ranieri Guerra, haut responsable de l'OMS et ancien directeur général adjoint, actuellement conseiller spécial du directeur général de l'OMS. [156]

Novembre 2020 - Le Remdesivir

Le scandale Remdesivir, ou comment l'Europe s'est fait délester de plusieurs dizaines de millions d'euros.

« L'OMS a retiré fin novembre son conseil de prescription pour le médicament antiviral. Trop tard pour les achats de stocks par l'Union européenne, mais pas pour les bénéfices de la multinationale Gilead. Multinationale qui a bien pris soin de cacher à ses clients les mauvais résultats du Remdesivir dans le traitement du COVID-19... Cette stratégie cynique a permis au laboratoire américain d'empocher près de 900 millions de dollars à travers le monde. Récit d'un fiasco spéculatif exemplaire. » [157]

Mars 2021 - Rapport de l'OMS sur l'origine du virus

Le rapport de l'OMS de mars 2020 sur l'origine du COVID-19 conclut que le virus SARS-CoV-2 provient probablement d'un animal sauvage, mais son origine exacte reste indéterminée. Trois hypothèses ont été examinées :

- **Transmission directe d'un animal sauvage à l'homme** : la plus probable en raison de la similarité

---

[156] Source : https://www.letemps.ch/monde/europe/camouflage-loms-erreurs-rome-lanceur-dalerte-zambon-se-confie

[157] Source : https://www.humanite.fr/monde/vaccins/le-scandale-remdesivir-ou-comment-leurope-sest-fait-delester-de-plusieurs-dizaines-de-millions-deuros-696575

génétique avec des coronavirus chez les animaux sauvages, comme les chauves-souris.

- **Transmission indirecte par un intermédiaire animal** : possible, mais sans preuve solide.
- **Fuite d'un laboratoire** : improbable, mais non exclue.

Le rapport de l'OMS a également établi que le virus n'a pas été intentionnellement créé ou modifié en laboratoire. Toutefois, des critiques émergent de certains experts qui estiment que le rapport manque de preuves pour appuyer l'hypothèse d'une transmission directe d'un animal sauvage à l'homme. Ils soutiennent que l'éventualité d'une fuite de laboratoire reste possible, soulignant la nécessité d'enquêtes supplémentaires pour clarifier l'origine du virus.

En conclusion, bien que le rapport de l'OMS de mars 2020 penche vers une origine probable du virus SARS-CoV-2 chez un animal sauvage, son exacte provenance demeure incertaine. Certains experts remettent en question la fermeté des conclusions, suggérant que, compte tenu des informations limitées et des restrictions imposées par la Chine, l'OMS aurait dû adopter une position moins catégorique. Des spéculations subsistent sur une éventuelle minimisation du rôle de la Chine à cette époque.

Mai 2021 - L'OMS a-t-elle caché des scandales sexuels en son sein ?

« Cinquante-trois pays ont demandé aux dirigeants de l'Organisation mondiale de la Santé (OMS) de rendre des comptes sur des scandales sexuels ayant éclaboussé certains de leurs membres en mission. L'organisation onusienne est soupçonnée d'avoir sciemment fermé les yeux sur les agissements de ses travailleurs. » [158]

Les projets à venir de l'OMS

Des pandémies à venir déjà prévues...

L'OMS prévoit déjà d'autres pandémies. Dans son rapport *« Prévenir les pandémies : un cadre mondial »*, publié en 2021, l'OMS identifie trois risques majeurs de pandémie :

---

[158] Source : https://www.la-croix.com/Monde/LOMS-elle-cache-scandales-sexuels-sein-2021-05-29-1201158260

- **Les zoonoses :** les zoonoses sont des maladies qui peuvent passer d'animaux à l'homme. Elles sont souvent causées par des virus, des bactéries ou des parasites.
- **Les maladies émergentes :** les maladies émergentes sont des maladies nouvelles ou qui réapparaissent. Elles peuvent être causées par des facteurs naturels ou anthropiques, tels que la destruction de l'habitat ou le changement climatique.
- **Les maladies résurgentes :** les maladies résurgentes sont des maladies qui étaient auparavant contrôlées, mais qui reviennent. Elles peuvent être causées par des facteurs tels que l'augmentation de la mobilité des personnes ou la résistance aux médicaments.

L'OMS prévoit une augmentation des risques pandémiques dans les années à venir, attribuée à la croissance démographique, à l'urbanisation et aux changements climatiques. Pour prévenir de telles crises, l'organisation recommande les actions suivantes : réduire le contact humain-animal, développer des vaccins et traitements, et renforcer la surveillance des maladies. Parallèlement, l'OMS s'engage dans l'établissement d'un mécanisme mondial de préparation aux pandémies, visant à renforcer la collaboration internationale pour anticiper et gérer ces crises.

Le Virus X

Le virus X est une maladie hypothétique, actuellement inconnue et de nature à provoquer une épidémie grave pour l'espèce humaine à l'échelle mondiale. Il s'agit d'une maladie qui n'a pas encore été identifiée, mais qui pourrait avoir un impact dévastateur sur la santé publique.

Le concept de virus X a été développé par le Johns Hopkins Center for Health Security, qui a publié un rapport sur le sujet en 2018. Le rapport identifie plusieurs facteurs qui pourraient contribuer à l'émergence d'une nouvelle pandémie, tels que :

- **La croissance démographique :** la population mondiale augmente, ce qui augmente le risque de contact entre les humains et les animaux, ce qui peut favoriser la transmission de maladies infectieuses.

- **L'urbanisation :** l'urbanisation entraîne une concentration de personnes dans des espaces restreints, ce qui facilite la propagation des maladies infectieuses.
- **Les changements climatiques :** les changements climatiques peuvent modifier l'habitat des animaux, ce qui peut favoriser la transmission de maladies infectieuses aux humains.

Le virus X pourrait être causé par un virus, une bactérie, un parasite ou un autre agent pathogène. Il pourrait être hautement contagieux, mortel ou avoir des effets à long terme sur la santé. Le concept de virus X est un rappel que les pandémies sont une menace réelle et que nous devons prendre des mesures pour les prévenir.

Voici quelques citations de l'OMS sur le virus X :

« Le virus X est une menace réelle pour la santé publique mondiale. »

« Nous devons prendre des mesures pour prévenir l'émergence d'une nouvelle pandémie, y compris le virus X. »

« L'OMS travaille à la prévention de l'émergence d'une nouvelle pandémie, y compris le virus X. »

L'OMS appelle les pays et les organisations à collaborer pour prévenir l'émergence d'une nouvelle pandémie, y compris le virus X.

Le passe sanitaire mondial de l'OMS en collaboration avec l'Union européenne. Pour votre bien…

En juin 2023, la Commission européenne et l'Organistion Mondiale de la Santé ont annoncé un partenariat historique dans le domaine de la santé numérique avec la création du **passe sanitaire mondial**.

Ce passe est un document numérique qui permet de prouver qu'une personne a été vaccinée contre une maladie infectieuse, qu'elle a été testée négative pour cette maladie ou qu'elle s'est rétablie de cette maladie. Il est conçu pour faciliter la mobilité internationale et protéger la santé publique mondiale.

Le passe sanitaire mondial est basé sur le certificat COVID numérique de l'Union européenne, qui est déjà utilisé par

80 pays et territoires. Le certificat COVID numérique est un document numérique qui contient des informations sur le statut vaccinal, les résultats des tests et les rétablissements d'une personne.

L'OMS a adopté le certificat COVID numérique de l'Union européenne comme norme mondiale pour les passes sanitaires. Elle travaille également à la mise en place d'un **réseau mondial de certification numérique** en matière de santé, qui permettra aux autorités nationales de vérifier la validité des certificats de santé numériques.

Le passe sanitaire mondial est encore en développement, mais il devrait être mis en place d'ici la fin de 2024.

Mais certains le critiquent et dénoncent quelques craintes :

- Il peut être considéré comme une violation de la vie privée, car il contient des informations personnelles sur le statut de santé des personnes.

- Il peut être discriminatoire, car il peut empêcher les personnes qui ne sont pas vaccinées ou qui ne peuvent pas être vaccinées de voyager.

- Il peut être inefficace, car il peut être contourné par les personnes qui ne veulent pas être vaccinées. [159]

Comme nous avons pu le voir, que ce soit à travers les différents scandales (connus…), son financement par l'intermédiaire de fonds privés ou son intention d'une gouvernance mondiale avec l'aide de l'Union européenne, il est légitime de se poser des questions sur l'OMS.

Doit-on vraiment déléguer notre santé à une instance mondialiste qui n'a de réponse que le contrôle des populations et les vaccins ?

Nos gouvernants doivent-ils fonder leurs décisions « sanitaires » sur des instances dont l'objectif ressemble plus à l'enrichissement de laboratoires à travers notamment les vaccins ?

Posez-vous des questions et ouvrez les yeux.

---

[159] Source : https://www.ladepeche.fr/2023/06/06/covid-19-vaccins-bientot-un-pass-sanitaire-mondial-loms-et-lunion-europeenne-annonce-un-partenariat-en-ce-sens-11243865.php

Le Conseil Scientifique

Création du Conseil Scientifique

Il a été officialisé par le décret du 3 avril 2020, sous le nom de comité de scientifiques constitué à titre d'urgence sanitaire en application de la loi n° 2020-290 du 23 mars 2020 d'urgence pour faire face à l'épidémie de COVID-19. Il a été mis en place par Olivier Véran (ministre des Solidarités et de la Santé) permettant au gouvernement de disposer des dernières informations scientifiques afin de l'aider dans ses décisions. Il rend des avis simples qui ne lient pas le Gouvernement, en toute indépendance au seul vu de l'intérêt général du pays. Il mettra fin à ses activités le 31 juillet 2022. [160]

Présidé par le professeur Jean-François Delfraissy, il est composé de dix autres experts et a produit 58 avis (publics) durant son existence.

Les controverses liées au conseil scientifique

Mais de nombreuses controverses ont été mises en avant depuis sa création :

- **Absence d'évaluation par les pairs**

Les avis du Conseil scientifique n'ont pas été soumis à une évaluation par les pairs, ce qui a été critiqué par certains experts, qui estiment que cela a réduit leur crédibilité.

- **Soupçons de conflits d'intérêts**

Certains membres du Conseil scientifique ont été accusés de conflits d'intérêts, notamment avec l'industrie pharmaceutique. Par exemple, le professeur Jean-François Delfraissy, président du Conseil scientifique, a été rémunéré par Sanofi et AstraZeneca, deux laboratoires qui développent des vaccins contre le COVID-19.

- **Avis sur le maintien des élections municipales de 2020**

En mars 2020, le Conseil scientifique a rendu un avis favorable au maintien des élections municipales, alors que l'épidémie de COVID-19 était en pleine expansion. Cette

---

[160] Source : https://www.vie-publique.fr/avis-et-notes-du-conseil-scientifique-covid-19

décision a été critiquée par certains experts, qui estimaient qu'elle risquait de favoriser la propagation du virus.

- **Avis sur la réouverture des écoles le 11 mai 2020**

En mai 2020, le Conseil scientifique a rendu un avis favorable à la réouverture des écoles le 11 mai, alors que l'épidémie de COVID-19 était toujours en cours. Cette décision a également été critiquée, estimant qu'elle était prématurée.

- **Défiance du public**

La défiance du public envers le Conseil scientifique a également été un sujet de controverse. En effet, certains Français ont estimé que les avis du Conseil scientifique étaient trop influencés par le gouvernement et qu'ils ne reflétaient pas la réalité scientifique.

L'Agence Nationale de Sécurité du Médicament (ANSM)

Qu'est-ce que l'ANSM (anciennement AFSSAP) ?

L'Agence Nationale de Sécurité du Médicament et des produits de Santé est un établissement public placé sous la tutelle du ministère chargé de la Santé. Elle assure, au nom de l'État, **la sécurité des produits de santé** et favorise l'accès à l'innovation thérapeutique.

Pour information, après l'énorme scandale du Médiator, l'**Afssap** (Agence française de Sécurité sanitaire des Produits de Santé) a été renommée l'ANSM le 1er mai 2012.

Une loi imposait ce changement de nom, mais devait aussi lui imposer plus de transparence et moins de liens avec l'industrie pharmaceutique. Vous constaterez que dans les faits, ce n'est pas forcément le cas.

Ce n'est que mon opinion, mais cela ressemble aux sociétés d'engrais et de pesticides qui changent de noms après des scandales.

L'agence compte environ 1 000 salariés auxquels s'ajoutent 2 000 experts réguliers ou occasionnels. Son budget de plus de 150 millions d'euros provient pour l'essentiel des taxes et redevances prélevées sur l'activité de l'industrie pharmaceutique.

Missions :

- **autoriser la mise sur le marché** des médicaments et des produits biologiques ;
- **surveiller l'ensemble des produits de santé** tout au long de leur cycle de vie ;
- **étudier les impacts** de leur utilisation ;
- **recueillir et analyser** les déclarations d'**effets indésirables** ;
- **contrôler la qualité** des produits dans ses laboratoires ;
- **inspecter** les sites de fabrication et de distribution.

« L'ANSM est fortement impliquée dans les travaux européens et internationaux. Ses activités s'inscrivent très largement dans le cadre de procédures européennes et ses travaux sont menés en coordination avec l'Agence européenne des Médicaments, la Commission européenne et les autres agences nationales de l'Union européenne. Elle collabore également avec les organismes de santé internationaux. » [161]

Les scandales de l'ANSM

2015

- **Dis-moi quels médicaments tu veux vendre et je te dirai comment présenter le dossier afin qu'il soit accepté.**

« Mediapart incriminait nommément certains responsables des commissions indépendantes chargées du médicament, la commission d'AMM ou la commission de la transparence. Le site évoquait notamment des opérations secrètes de « conseils » donnés « contre rétributions sonnantes et trébuchantes » effectuées par « les laboratoires pharmaceutiques qui présentaient leurs produits pour évaluation et avis. » [162]

- **Les gendarmes du médicament faisaient affaire avec les laboratoires** (Médiapart)

---

[161] Source : https://gnius.esante.gouv.fr/fr/acteurs/fiches-acteur/agence-nationale-de-securite-du-medicament-et-des-produits-de-sante-ansm
[162] Source : https://jeanyvesnau.com/2015/03/26/argent-et-medicaments-la-has-et-lansm-se-saisissent-du-lievre-leve-par-mediapart/

« *La mise sur le marché de médicaments et leur remboursement sont soumis à des commissions supposées indépendantes. Or, plusieurs mois d'enquête ont permis à Mediapart de découvrir que, pendant des années, des membres éminents de ces commissions (dont un président) ont conseillé secrètement les laboratoires pharmaceutiques. L'affaire, au-delà des questions déontologiques et de conflits d'intérêts, interroge la probité du système sanitaire français.* »[163] [164]

Suite aux révélations de Mediapart, l'ANSM et la HAS déclaraient mener des enquêtes et audits internes. Qu'en est-il aujourd'hui ?

Le communiqué de presse de 2015 indiquait que des investigations étaient en cours (capture d'écran ci-dessous).

---

[163] Source : https://www.mediapart.fr/journal/france/240315/les-gendarmes-du-medicament-faisaient-affaire-avec-les-laboratoires?onglet=full
[164] Source : https://jeanyvesnau.com/2015/03/24/verite-sur-les-medicaments-livre-evenement-chez-odile-jacob-nouvelle-enquete-de-mediapart/

L'ANSM engage une enquête administrative interne sur les faits rapportés par la presse - Communiqué

26/03/2015

L'Agence nationale de sécurité du médicament et des produits de santé (ANSM) a décidé au titre de l'article 40 du Code de la procédure pénale et sans préjudice d'actions futures, de porter à la connaissance du Procureur de la République les faits qui sont dénoncés dans l'article « Les gendarmes du médicament faisaient affaire avec les labos » publié le 24 mars 2015 sur le site de Mediapart.

Par ailleurs, le directeur général de l'ANSM a décidé, en accord avec la ministre en charge de la santé, la mise en place d'une mission d'enquête administrative interne afin de dresser un état des lieux sur le rôle, au sein des instances consultatives de l'Agence jusqu'en 2011, des personnes visées dans l'article.

L'ANSM rappelle qu'elle a renforcé la transparence de ses travaux d'expertise comme prévu par la loi du 29 décembre 2011 relative au renforcement de la sécurité sanitaire du médicament et des produits de santé (mise en ligne des ordres du jour, d'enregistrements audiovisuels et des verbatim des séances des commissions de l'Agence).
 Les déclarations d'intérêts des agents exerçant des fonctions qui le justifient sont publiques et les déclarations publiques d'intérêts des experts externes travaillant pour l'Agence sont consultables et régulièrement mises à jour. Les industriels du secteur des produits de santé ne participent plus aux instances de l'Agence.

 De plus ont été introduites des incompatibilités avec l'exercice d'un mandat auprès d'une instance de l'ANSM[1] .

Un service spécifiquement chargé de la déontologie de l'expertise, rattaché au directeur général de l'ANSM, a été mis en place. Depuis 2012, il travaille en lien étroit avec le comité consultatif de déontologie de l'expertise, composé de trois personnalités extérieures et de trois personnels internes. Il a une fonction d'aide et de conseil en matière de prévention des conflits d'intérêts.

L'ANSM mettra tout en œuvre pour contribuer activement à faire la lumière sur les faits rapportés.

Contacts presse :

presse@ansm.sante.fr

Séverine Voisin – 01 55 87 30 22 / Axelle de Franssu – 01 55 87 30 33

Aujourd'hui, le même communiqué de presse a disparu du site.

La page que vous recherchez semble introuvable.

2020 - le scandale de la Dépakine

Après une enquête ouverte en 2016, l'ANSM est à son tour mise en examen dans le scandale de la **Dépakine** pour « blessures et homicides involontaires par négligence » dans l'affaire de la commercialisation de cet antiépileptique connu pour ses effets néfastes sur les fœtus.

« D'un point de vue administratif, cela a fait l'objet d'un jugement au mois de juillet 2020 et l'ANSM a été condamnée. La faute de l'État a été reconnue à côté de celle du laboratoire. Donc, sa mise en examen et une responsabilité pénale, c'est évident. C'était une décision attendue. » Explique Charles Joseph-Oudin. L'avocat prévoit « un grand procès Dépakine" dans quatre à cinq ans. » [165]

2021 - le scandale du Médiator (laboratoire Servier)

Utilisation du médicament : antidiabétique utilisé comme coupe-faim.

« Les laboratoires Servier et l'ANSM condamnés par la justice. Le groupe industriel a été reconnu coupable de « tromperie aggravée » et « homicides et blessures involontaires ». Il devra payer 2,7 millions d'euros d'amende. Reconnue coupable de négligence, l'ANSM devra verser 303 000 euros d'amende. » [166]

Ce scandale a été dénoncé par Irène Frachon, lanceuse d'alerte, dont le combat a été retracé dans le film *La fille de Brest*.

2022 - le scandale du Levothyrox (laboratoire Merck)

En décembre 2022, l'ANSM et le laboratoire Merck ont été mis en examen pour tromperie dans l'affaire du Levothyrox suite à la plainte de patients qui ont dénoncé de nombreux effets secondaires liés à la nouvelle formule du médicament, notamment des crampes, des maux de tête, des vertiges ou des pertes de cheveux.

---

[165] Source : https://www.francetvinfo.fr/recherche/?request=mediator
[166] Source : https://www.lopinion.fr/politique/scandale-du-mediator-les-laboratoires-servier-et-lansm-condamnes-par-la-justice

Le Levothyrox est un médicament indispensable pour 2,5 millions de patients en France. Il est utilisé pour remplacer la thyroxine naturelle lorsque la glande thyroïde ne la sécrète plus suffisamment. En mars 2017, le laboratoire Merck a changé la formule du médicament. Cette modification a entraîné l'apparition d'effets secondaires chez de nombreux patients.

L'ANSM a mené une étude sur plus de deux millions de patients en juin 2019. L'agence a conclu que le passage à la nouvelle formule n'avait pas engendré de *« problèmes de santé graves »*. Cependant, cette conclusion a été contestée par de nombreux patients et professionnels de santé.

L'ANSM est aujourd'hui visée par une action collective de quelque 1100 plaignants, pour *« défaut de vigilance »* et *« défaut d'anticipation »*. L'agence est accusée d'avoir manqué à son devoir de protection des patients en autorisant le lancement de la nouvelle formule du Levothyrox sans avoir suffisamment évalué les risques. [167] [168]

Mais ce n'est pas tout. Lors de cette affaire scandaleuse, l'ANSM refusait de communiquer le nom de l'entreprise et le lieu de fabrication du principe actif du Levothyrox, nouvelle formule, en recourant à la loi sur le secret des affaires (votée en 2018). Loi utilisée pour la première fois en France à la demande de l'ANSM. [169]

Pour aller plus loin, je vous conseille la lecture des livres suivants :

- Odile Jacob : *La vérité sur vos médicaments*
- Philippe Courtois et docteur Dominique Courtois : *Le livre noir de la médecine : patient aujourd'hui, victime demain*

Les scandales sanitaires mettent en évidence que la privatisation de la recherche médicale est souvent motivée par la quête du profit, parfois au détriment de la santé des patients.

---

[167] Source : https://www.bfmtv.com/sante/changement-de-formule-du-levothyrox-l-agence-du-medicament-mise-en-examen-pour-tromperie_AD-202212050773.html
[168] Source : https://www.mesopinions.com/petition/sante/contre-nouveau-levothyrox-dangereux-patients/31185
[169] Source : https://information.tv5monde.com/international/levothyrox-et-secret-des-affaires-le-grand-escamotage-de-lansm-30212

Les laboratoires cherchent avant tout à maximiser leurs ventes en atteignant un public aussi large que possible. Et en ce qui concerne l'ANSM, une déclaration faite par Maître Philippe COURTOIS (http://www.aavac.asso.fr/), avocat spécialisé dans la défense et l'indemnisation des victimes d'accidents corporels, résume bien la situation :

« Pour les scandales sanitaires, l'ANSM est une alarme qui ne sonne jamais. »

Effectivement, l'intégralité des scandales liés à des médicaments, traitements ou autres concerne des produits… autorisés et validés par l'ANSM.

Le Conseil de défense sanitaire

Qu'est-ce que le Conseil de défense sanitaire ?

Pour prendre des décisions sur la gestion de la crise COVID-19, le gouvernement s'est largement reposé sur le Conseil de défense sanitaire et de sécurité nationale. Son but était de coordonner la politique nationale de gestion de crise.

Présidé par le Président de la République, il est composé du Premier ministre, du ministre de la Santé, de la Défense, de l'Intérieur, de l'Économie, du Travail ainsi que des personnalités qualifiées, comme le Directeur général de la Santé, Jérôme Salomon. Ce Conseil n'existe pas en tant que tel dans le droit français. Il s'agit d'un cousin du Conseil de défense et de sécurité nationale qui a pour mission la *« planification des réponses aux crises majeures »* comme l'a été la crise du COVID-19.

Le Conseil de défense sanitaire en France n'a jamais publié de compte rendu de ses réunions, car ses délibérations sont couvertes par le secret défense pendant 50 ans. Ce qui signifie qu'elles ne peuvent être rendues publiques sans l'autorisation du gouvernement.

Ce secret défense, mis en avant pour des raisons sanitaires, empêche la transparence et le contrôle démocratique sur les décisions prises par le gouvernement. En 2022, une proposition de loi visant à lever le secret défense des délibérations du Conseil de défense sanitaire a été déposée à l'Assemblée nationale, mais elle n'a pas été adoptée.

Pourquoi autant de secrets et pourquoi ses décisions ont été prises par quelques personnes sans jamais rendre de compte à la population ?

Le Conseil National de l'Ordre des Médecins (CNOM)

Définition

Le Conseil national de l'ordre des médecins est une institution française qui a pour mission de veiller au respect de la déontologie médicale et à la qualité de la profession. Il est composé de 120 membres élus par les médecins inscrits au tableau de l'Ordre.

Quelles sont ses attributions ?

Le CNOM a pour attributions principales de :

- Veiller au respect de la déontologie médicale, notamment en sanctionnant les médecins qui commettent des infractions à la loi ou aux règles de la profession.
- Élaborer des règles professionnelles, telles que les codes de déontologie ou les recommandations de bonnes pratiques.
- Représenter la profession auprès des pouvoirs publics.

Quelles ont été les actions du CNOM pendant le COVID-19 ?

Poursuites des médecins ne respectant pas la doxa

Au 5 novembre 2023, le Conseil national de l'ordre des médecins a poursuivi 134 médecins pour des faits liés à la pandémie de COVID-19. Ces poursuites sont motivées par des infractions à la déontologie médicale, notamment la diffusion de fausses informations sur la pandémie, la prescription de traitements non autorisés ou la non-vaccination.

Voici une liste non exhaustive de médecins poursuivis par le CNOM pour des faits liés à la pandémie de COVID-19 :

- **En janvier 2022,** un médecin de Nice, le Dr Jean-Paul Bert, a été poursuivi pour avoir diffusé de fausses informations sur la pandémie sur les réseaux sociaux. Il a notamment affirmé que le COVID-19 était une «pandémie imaginaire» et que les vaccins étaient «mortels».

• **En février 2022,** un médecin de Paris, le Dr Christian Perronne, a été poursuivi pour avoir prescrit de l'hydroxychloroquine à des patients atteints de COVID-19, alors que ce traitement n'était pas autorisé à cette époque.

• **En mars 2022,** un médecin de Marseille, le Dr Louis Fouché, a été poursuivi pour avoir refusé de se faire vacciner contre le COVID-19.

D'autres médecins ont également été poursuivis pour des faits similaires, notamment pour avoir participé à des manifestations anti-vaccination ou pour avoir diffusé des vidéos ou des articles sur les réseaux sociaux contenant de «fausses informations sur la pandémie».

Le CNOM a pris plusieurs mesures pendant la pandémie de COVID-19 pour veiller au respect de la déontologie médicale et à la qualité des soins.

Actions en matière de déontologie

Le CNOM a adopté plusieurs mesures pour lutter contre les dérives déontologiques liées à la pandémie de COVID-19. Il a notamment :

• **Créé un site internet dédié à la déontologie médicale pendant la COVID-19**, qui fournit des informations aux médecins sur leurs obligations déontologiques en période de crise sanitaire.

• **Publié une série de recommandations déontologiques**, notamment sur la prescription de traitements non autorisés, la diffusion de fausses informations et la non-vaccination.

• **Poursuivi des médecins pour des infractions à la déontologie**, notamment pour avoir diffusé de fausses informations sur la pandémie, prescrit des traitements non autorisés ou refusé de se faire vacciner.

Actions en matière de qualité des soins

Le CNOM a également pris des mesures pour garantir la qualité des soins pendant la pandémie de COVID-19. Il a notamment :

- Publié des recommandations sur la prise en charge des patients atteints de COVID-19, notamment sur les mesures de protection, les traitements et les tests.
- Créé un dispositif d'entraide pour soutenir les médecins en difficulté, notamment ceux qui ont été touchés par la maladie ou qui ont été confrontés à des situations difficiles.

Scandale du CNOM

L'ordre des médecins sévèrement critiqué par la Cour des comptes.

Dans un audit publié en décembre 2019, la Cour des comptes a condamné le fonctionnement de l'ordre des médecins, dénonçant sa gestion « dispendieuse » et de « graves lacunes » dans l'exercice de ses missions.

Une gestion « dispendieuse » marquée par des « faiblesses, voire des dérives, préoccupantes », de « graves lacunes » dans l'exercice de certaines missions, de « sérieux dysfonctionnements » de la justice disciplinaire... **l'achat d'une villa avec piscine sur les hauteurs de Marseille.** [170]

Création du mouvement « Laissons les médecins prescrire »

En mars 2020, un mouvement s'est créé de façon spontanée, suite aux décrets successifs qui ont été publiés et qui ont fini par restreindre totalement la liberté de prescription des médecins libéraux.

Pour plus d'informations, n'hésitez pas à visionner l'interview datée du 14 janvier 2021 par idj du Docteur Martine Wonner, députée et médecin Psychiatre sur Mediapart. [171]

---

[170] Source : https://www.lemonde.fr/societe/article/2019/12/09/l-ordre-des-medecins-severement-critique-par-la-cour-des-comptes_6022207_3224.html
[171] Source : https://blogs.mediapart.fr/edition/les-mots-pieges-du-neoliberalisme/article/210121/rc-130-creation-de-collectifs-de-medecins-independants

Déclaration d'Antonio Guterres, Secrétaire général de l'ONU - Conseil des droits de l'homme

Lors de sa déclaration du 22 février 2021, Antonio Guterres dénonçait avec virulence toutes les atteintes à la liberté d'expression, notamment en ce qui concerne les médecins.

« Brandissant la pandémie comme prétexte, les autorités de certains pays ont pris des mesures de sécurité sévères et adopté des mesures d'urgence pour réprimer les voix dissonantes, abolir les libertés les plus fondamentales, faire taire les médias indépendants et entraver le travail des ONG.

Des défenseurs des droits humains, des journalistes, des avocats, des militants et même des professionnels de la santé ont fait l'objet... de poursuites, et de mesures d'intimidation et de surveillance pour avoir critiqué les mesures - ou le manque de mesures - prises pour faire face à la pandémie. Les restrictions liées à la pandémie servent d'excuses pour miner les processus électoraux, affaiblir les voix des opposants et réprimer les critiques. » [172]

Le CNOM, prompt à poursuivre la majorité des médecins qui ont osé remettre en question le dogme de la vaccination ou à militer pour soigner les patients atteints de COVID-19 (n'est-ce pas le rôle premier d'un médecin ?), ne s'est en revanche absolument pas intéressé aux médecins de plateau télé qui n'ont jamais, en préambule de leur intervention, parlé de leurs conflits d'intérêts.

Pourquoi cette différence de traitement dans la défense du respect de la déontologie médicale ?

Le Haut Conseil de la Santé publique (HCSP)

Le HCSP est une **instance française indépendante**, chargée d'apporter une aide à la décision aux pouvoirs publics et notamment au ministre de la Santé, en lien avec les agences

---

[172] Source : https://news.un.org/fr/story/2021/02/1089912

sanitaires, l'expertise nécessaire à la conception et à l'évaluation des politiques et stratégies de prévention et de sécurité sanitaire. Le HCSP est composé de 121 membres, dont des experts scientifiques, des professionnels de santé, des représentants des usagers et des collectivités territoriales. Il est présidé par Roger Salomon, médecin épidémiologiste et ancien directeur général de la santé.

Dans un e-mail envoyé aux médecins, signé par le professeur **Jérôme Salomon**, le **Haut Conseil de la Santé publique** recommande dans son avis du 18 mai 2020 :

« Le HCSP recommande, de manière générale, qu'aucune antibiothérapie ne soit prescrite chez un patient présentant des symptômes rattachés à un COVID-19 confirmé (en dehors d'un autre foyer infectieux documenté) du fait du caractère exceptionnel de la co-infection bactérienne. »

C'est, à ma connaissance, la première fois dans l'histoire que pour une maladie, on empêche les médecins de tenter de soigner ou de traiter une maladie avec les solutions actuelles. Pourquoi ce refus de soins et à quelles fins ?

L'Union européenne (UE)

Qu'est-ce que l'Union européenne ?

L'Union européenne est une organisation politique et économique composée de 27 États membres. Elle a été créée en 1957 par le traité de Rome, qui a institué la Communauté économique européenne (CEE). L'UE a depuis évolué pour devenir une organisation plus intégrée, avec des compétences dans des domaines tels que la politique étrangère, la sécurité, la justice, l'environnement et la culture.

Les objectifs de l'UE sont les suivants :

- Promouvoir la paix, la prospérité et la sécurité en Europe
- Créer un marché unique sans frontières intérieures
- Promouvoir les droits de l'homme et la démocratie

Les controverses liées à la présidente de l'UE, Mme Ursula von der Leyen

En janvier 2021, la présidente de la Commission européenne, Ursula von der Leyen, a échangé des SMS avec le PDG de Pfizer, Albert Bourla. Ces échanges, révélés par le New York Times en décembre 2022, ont suscité une polémique en Europe. Dans ces SMS, von der Leyen se montrait très pressée d'obtenir un contrat avec Pfizer pour l'achat de vaccins contre le COVID-19. Elle demandait à M. Bourla de lui fournir un « deal » rapidement, et lui fait même une proposition de prix.

M. Bourla répondait favorablement à la demande de Von Der Leyen, puis ils négociaient un contrat de 1,8 milliard de doses de vaccins pour **un montant de 36 milliards d'euros**. Ce contrat est le plus important jamais conclu par l'UE pour l'achat de vaccins.

Les SMS de von der Leyen ont été critiqués pour plusieurs raisons. Tout d'abord, ils ont été jugés inappropriés, car ils montrent que la présidente de la Commission a agi de manière trop personnelle dans les négociations. Ensuite, ils ont été critiqués pour leur contenu, car ils montrent que Mme Von Der Leyen a été prête à faire des concessions importantes aux laboratoires pharmaceutiques.

L'affaire a conduit à l'ouverture d'une enquête par le Parquet européen. Cette enquête vise à déterminer si Mme von der Leyen a agi dans l'intérêt de l'UE ou si elle a favorisé les intérêts du laboratoire Pfizer.

En juin 2023, le Parquet européen a annoncé qu'il élargissait son enquête à l'ensemble des contrats passés par l'UE pour l'achat de vaccins contre le COVID-19. [173]

Des contrats d'achats caviardés et des clauses de confidentialités

Devant l'insistance des membres de la commission COVID-19 de l'UE, les contrats (notamment ceux de Pfizer, AstraZeneca…) ont été communiqués. Problème : ces derniers, en majorité caviardés, les rendaient illisibles. Et les clauses de

---

[173] Source : https://www.euractiv.fr/section/sante/news/le-new-york-times-saisit-la-justice-sur-laffaire-des-sms-entre-ursula-von-der-leyen-et-pfizer/

confidentialité signées lors de l'achat empêchaient d'obtenir des copies complètes des contrats. [174] [175]

Albert Bourla, le patron du laboratoire Pfizer refuse de répondre

Convoqué par deux fois au sein de l'UE, M. Bourla n'a pas daigné y répondre favorablement.

Monsieur Heiko von der Leyen, le mari de Mme Von Der Layen

Médecin et directeur scientifique de la société de biotechnologie américaine **Orgenesis**, spécialisée dans les thérapies cellulaires et géniques et à la pointe de la création de vaccins à ARN anti-COVID, M. von der Leyen, à travers notamment plusieurs filiales de sa société, aurait touché plusieurs centaines de millions d'euros en provenance de l'UE (en direct ou via les fonds de relance). [176]

Donc, pour résumer en quelques mots : une présidente (non élue) qui commande seule des vaccins par SMS (qu'elle aurait supprimés) de façon unilatérale, dépense des milliards d'euros, des contrats opaques et inaccessibles, un directeur de laboratoire qui refuse de s'expliquer, une EU présidée par une femme dont le mari s'est gavé de millions d'euros versés par la même UE.

Et ce court résumé n'est qu'une partie des affaires qui gangrènent l'Union européenne. Comment peut-on encore leur faire confiance ?

La Haute Autorité de santé (HAS)

Qu'est-ce que la Haute Autorité de santé (HAS)

En France, la Haute Autorité de santé est une *« autorité publique indépendante à caractère scientifique dotée de la personnalité morale »* mise en place en janvier 2005. Sa

---

[174] Source :
https://www.francetvinfo.fr/sante/maladie/coronavirus/vaccin/enquete-franceinfo-transparence-sur-les-vaccins-comment-leurope-a-cede-face-aux-laboratoires_4302257.html
[175] Source : https://www.liberation.fr/checknews/2021/01/29/ce-que-cachent-les-passages-noircis-du-contrat-passe-entre-l-ue-et-astrazeneca_1818847/
[176] Source : https://blogs.mediapart.fr/michele-rivasi/blog/021222/conflit-dinteret-les-activites-derangeantes-du-couple-von-der-leyen

vocation est scientifique. Elle a son siège à La Plainte Saint-Denis (93).

La HAS comprend :

- **1 Collège :** responsable des orientations stratégiques, de la programmation et de la mise en œuvre des missions assignées à la Haute Autorité de santé par le législateur. Le Collège est l'instance délibérante de la HAS, il est garant de la rigueur et de l'impartialité de ses productions.
- **8 Commissions spécialisées :** en lien avec le Collège, les 8 Commissions spécialisées sont chargées d'instruire les dossiers constitués par les services opérationnels dans les différents domaines de compétence de la Haute Autorité de santé.
- **Des services et directions comprenant 410 agents permanents**, dont de nombreux professionnels de santé.
- **1 réseau d'environ 750 experts visiteurs**, habilités à réaliser la visite de certification des établissements de santé. [177]

La HAS, c'est en 2022 : 434 collaborateurs, 1638 experts externes, 71,87 millions d'euros (50,6 M€ en 2014).

Un début qui commence mal

Le Pr Jean-Luc Harousseau devenait le pilote de la HAS début 2011, en remplacement du Pr Laurent Degos.

Le Pr Harousseau avait signé une première déclaration publique d'intérêts vierge de liens avec l'industrie pharmaceutique, avant d'annoncer finalement que lui et les structures qu'il dirigeait avaient reçu près de 10 millions d'euros de diverses firmes pharmaceutiques durant les trois dernières années précédant son arrivée à la tête de la HAS. [178]

La HAS a été mise en échec par le Conseil d'État qui a annulé ses recommandations sur le traitement médicamenteux du <u>diabète de type 2.</u>

---

[177] Source : https://sante.gouv.fr/ministere/acteurs/partenaires/article/has-haute-autorite-de-sante

[178] Source : https://formindep.fr/la-haute-autorite-de-sante-tartuffe-de-lindependance/

Cette décision inédite est motivée par le non-respect des règles de gestion des conflits d'intérêts des experts ayant élaboré ces textes. En effet, plusieurs de ces experts étaient liés à des laboratoires pharmaceutiques qui commercialisent des médicaments contre le diabète.

Cette situation a conduit le Conseil d'État à considérer que les recommandations de la HAS étaient biaisées et ne pouvaient être considérées comme impartiales. Cette décision est un succès pour le **Formindep**, association pour la formation et l'information indépendante des médecins, qui avait déposé un recours contre les recommandations de la HAS. Le Formindep milite pour une meilleure transparence des conflits d'intérêts dans le domaine de la santé. [179]

Déclaration du professeur Agnès Buzyn, alors présidente de l'Institut national du cancer (INCA) puis nommée à la tête de la Haute Autorité de santé en 2016

Elle estimait que les liens d'intérêts entre les experts et l'industrie pharmaceutiques sont un gage de compétence.

« L'industrie pharmaceutique joue son rôle et je n'ai jamais crié avec les loups sur cette industrie. Il faut expliquer que vouloir des experts sans aucun lien avec l'industrie pharmaceutique pose la question de la compétence des experts. » [180]

2011 - Alzheimer

En 2011, la HAS a aussi abrogé sa recommandation de bonne pratique sur le diagnostic et la prise en charge de la maladie d'Alzheimer émise en 2008 pour cause de déclarations d'intérêts incomplètes et de conflits d'intérêts violant ses règles. [181]

2016 - la thèse du Docteur Louis-Adrien Delarue

Dans sa thèse de médecine générale à l'université de Poitiers, le Dr Louis-Adrien Delarue, médecin généraliste à Angoulême,

---

[179] Source : https://www.doctissimo.fr/medicaments/news/conflits-d-interet-la-haute-autorite-de-sante-sanctionnee-par-le-conseil-d-etat

[180] Source : https://www.dur-a-avaler.com/agnes-buzyn-ministre-sante-ancienne-conseillere-industrie-pharmaceutique/

[181] Source : https://fr.wikipedia.org/wiki/Conflit_d%2527int%25C3%25A9r%25C3%25 AAts

titrait : *« Les recommandations pour la pratique clinique élaborées par les autorités sanitaires françaises sont-elles sous influence industrielle ? »*

Sa thèse démontrait qu'au moins quatre recommandations faites par la HAS émises entre 2006 et 2008 étaient erronées.

« Études scientifiques omises, présentations de données mal étayées ou connues pour être falsifiées, conclusions hâtives et mal argumentées. In fine, la HAS promeut des médicaments dont la balance bénéfice-risque est clairement défavorable et qui impactent les dépenses publiques à hauteur de centaines de millions d'euros par an. » [182]

 Thèse du Docteur Louis-Adrien Delarue (PDF).

2018 - Anticor déposait plainte pour prise illégale d'intérêts contre six experts de la HAS

« Anticor a déposé plainte en octobre 2018 contre des experts de la HAS après l'enquête et les révélations faites par l'association pour une Formation Médicale indépendante (Formindep).

L'association reproche à six de ces experts, chargés d'une mission de service public consistant à évaluer les cas dans lesquels un traitement des dyslipidémies par statines est indiqué, d'avoir entretenu des liens d'intérêts avec des laboratoires pharmaceutiques intéressés aux résultats de leurs travaux puisque ceux-ci peuvent augmenter significativement le nombre de patients pour lesquels la prescription de ce traitement, qu'ils commercialisent, est conseillée aux professionnels de santé.

Le parquet de Bobigny n'ayant pas donné suite, l'association a déposé une plainte avec constitution de partie civile, le 29 avril 2019. » [183] [184]

---

[182] Source : https://www.nouvelobs.com/rue89/rue89-nos-vies-connectees/20110923.RUE4315/les-revelations-qui-ebranlent-la-haute-autorite-de-sante.html

[183] Source : https://www.anticor.org/2019/07/11/anticor-depose-une-plainte-avec-constitution-de-partie-civile-contre-des-experts-de-la-haute-autorite-de-

2019 - Affaires de collusion entre anciens membres et laboratoires

Le 1er juillet 2019, la cheffe de service d'évaluation des médicaments Anne d'Andon quitte son poste pour rejoindre Cemka, un cabinet de conseil chargé d'aider les industriels à rédiger leurs dossiers de demande à la HAS. Plusieurs médias français comme *Le Canard enchaîné* y ont vu « un énorme conflit d'intérêts », sans émouvoir outre mesure la commission de déontologie.

- Source : Le Canard Enchaîné, article, supprimé depuis, d'Isabelle Barré, « À nous labos et gros cachets »

2023 - Nouvelles recommandations médicales pour la prise en charge des personnes transgenres

En 2023, la HAS prépare les nouvelles recommandations médicales pour la prise en charge des personnes transgenres. Mais, selon *Le Figaro*, le groupe de travail qu'elle a créé à cet effet, *« fait la part belle aux associations transactivistes. »* Ainsi, d'après le quotidien, pour diriger ce groupe de travail, la HAS a choisi de donner la présidence à un militant trans. [185]

La HAS recommande la vaccination contre les HPV pour tous les adolescents de 11 à 14 ans, quel que soit le sexe (vaccin Gardasil du laboratoire Merck)

« Le 8 décembre 2022, le président de la République s'inquiétait de la faible couverture vaccinale des adolescents contre les infections à papillomavirus humains (HPV). Il déclarait à ce sujet vouloir « aller vite » et « faire dès l'école un énorme travail d'information. »

En visite dans un collège de Charente, Emmanuel Macron appelle à une campagne de vaccination « généralisée » des élèves de 5e (11-13 ans). Un empressement qui interroge alors qu'une class action (ndlr : action judiciaire collective) est initiée aux États-

---

sante/

[184] Source : https://formindep.fr/lenquete-du-formindep/

[185] Source :
https://fr.wikipedia.org/wiki/Haute_Autorit%25C3%25A9_de_sant%25C3%25A9

Le Conseil constitutionnel

Définition du Conseil constitutionnel

Le Conseil constitutionnel est une institution française créée par la Constitution de la Cinquième République française en 1958. Il a pour mission principale de garantir la conformité des lois à la Constitution. Ses principales fonctions sont les suivantes :

- **Contrôle de constitutionnalité :** Le Conseil constitutionnel vérifie la conformité des lois organiques, des lois ordinaires et des règlements au regard de la Constitution.

- **Protection des droits fondamentaux :** Le Conseil constitutionnel veille à la **protection des droits et libertés fondamentaux consacrés par la Constitution.**

- **Résolution des conflits institutionnels :** En cas de conflit entre les pouvoirs publics (Président de la République, Parlement, gouvernement), le Conseil constitutionnel peut être appelé à intervenir pour résoudre ces conflits.

Les décisions du Conseil constitutionnel

- **Loi d'urgence sanitaire** : en 2020, validation de la plupart des dispositions de cette loi.
- **Décision du 5 août 2021 (instauration du passe sanitaire)**

Le Conseil constitutionnel a validé partiellement le projet de loi sanitaire. L'institution avait été saisie par plusieurs élus ainsi que par le Premier ministre Jean Castex. Détails de sa décision :

- La vaccination pour les soignants : validée (entrée en vigueur le 15/09/2021).

---

[186] Source : https://www.francesoir.fr/societe-sante/gardasil-l-etonnante-precipitation-d-emmanuel-macron-pour-vacciner-les-enfants
[187] Source : https://www.francesoir.fr/opinions-tribunes/ne-vaccinez-ni-filles-ni-garcons-par-gardasil-un-vaccin-dangereux-et-inefficace

- L'isolement obligatoire pour les malades (10 jours) : censuré.

- L'extension du passe sanitaire : validée : applicable dans les bars et restaurants. Exigible dans les TGV, avions et cars de longs trajets à partir du 9 août. Mais bizarrement, pas dans le métro.

- Le passe sanitaire dans les hôpitaux : validé. Visiteurs, patients non urgents, maison de retraite.

- Le passe sanitaire dans certains centres commerciaux : validé.

- La rupture d'un CDD pour non-respect du passe sanitaire : censurée.

- Les sanctions pour les exploitants qui ne contrôlent pas le passe sanitaire : validées. Sanctions : fermeture administrative, si répété 3 fois dans une période de 45 jours : 1 an d'emprisonnement et 9 000 € d'amende.

- L'état d'urgence prolongé dans certains territoires d'outre-mer : validé (à La Réunion, en Martinique, Guadeloupe, Saint-Martin et Barthélemy). [188]

Donc, le Conseil constitutionnel a validé quasiment l'intégralité des restrictions de libertés imposées dans le cadre du COVID-19, alors que ces restrictions s'opposent frontalement aux libertés normalement garanties par la Constitution, dont :

- **Déclaration des droits de l'homme et du citoyen de 1789 :** elle proclame dans son préambule des droits fondamentaux, dont la **liberté**, l'égalité et la fraternité.

- **Préambule de la Constitution de 1946 :** Le préambule de la Constitution de 1946, intégré dans la Constitution de la Cinquième République, énonce plusieurs principes fondamentaux, dont **la liberté, l'égalité** et la justice.

---

[188] Source : https://www.ouest-france.fr/sante/virus/coronavirus/passe-sanitaire-isolement-ce-qu-a-decide-le-conseil-constitutionnel-sur-la-loi-sanitaire-28a439d6-f5e0-11eb-befb-951d757a4dc8

20

Wuhan, virus et compagnie

Introduction

Parler du COVID-19 sans parler de son origine serait oublier un grand pan de l'histoire de cette épidémie. Rapidement, certaines personnalités et scientifiques évoquent la possibilité d'une fuite du virus du laboratoire de Wuhan. Théorie rapidement ridiculisée, marquée du sceau infamant du complotisme et de la désinformation.

En février 2020, The Lancet, la revue médicale qui était l'une des plus respectées, publiait un communiqué ferme et définitif sur l'origine du virus.

L'hypothèse d'un accident de laboratoire relevait du complotisme et de la désinformation. Signé par 27 scientifiques (le fameux consensus scientifique), le communiqué martelait *« nous sommes ensemble et condamnons fermement les théories conspirationnistes qui avancent que le COVID-19 n'a pas une origine naturelle. »*

Cette hypothèse (qui ne restait pourtant qu'une hypothèse) était largement reprise par les fact-checkers et les médias qui l'assenaient comme un fait qui devait s'imposer à tous.

C'était admis. C'était devenu un fait. Le virus était d'origine naturelle. Penser ou supposer une autre origine et l'intégralité de la doxa vous tombait dessus pour vous ridiculiser.

Ce qui a été le cas du professeur Montagnier qui parlait *« d'une main humaine à l'origine du virus »*.

Le laboratoire P4 de Wuhan, un partenariat français

Quel est ce laboratoire ?

Il s'agit d'un laboratoire de haute sécurité biologique de niveau P4. L'histoire commence en 2003. La Chine et une partie de l'Asie sont touchées par le virus du SRAS, transmis de l'animal à l'homme. L'Académie chinoise des sciences souhaite se doter d'un laboratoire P4 et se tourne vers la France. La France, qui a inauguré le sien en 1999 à Lyon (laboratoire Jean Mérieux), est en pointe et fait figure de modèle. Mais le gouvernement, ainsi que le ministère français de la Recherche, hésite, car cette technologie peut être utilisée aussi bien pour lutter contre les pandémies qu'à des fins militaires (création d'armes bactériologiques).

Malgré les craintes des services de renseignements français et américains dues au manque de transparence de la Chine et à la supposition d'un programme biologique offensif chinois, la France (Jacques Chirac, Président de la République, Jean-Pierre Raffarin, Premier ministre) va s'engager dans ce programme et aidera la Chine à construire son laboratoire P4. [189]

2004

Malgré les doutes de l'administration française et dans un temps record, Jacques Chirac effectue un voyage officiel et rencontre le président chinois, Hu Jintao en octobre. En plus de l'aide accordée pour la construction du P4, la France exporte en Chine quatre laboratoires mobiles P3.

2008

L'Élysée place à la tête du projet un industriel Alain Merieux, PDG du groupe pharmaceutique du même nom, ami de Xi Zin Ping.

2013

Après huit années de recherches, la directrice du laboratoire Zhengli Shi (surnommée Batwoman) identifie la chauve-souris comme étant à l'origine du virus du SRAS. Elle aurait collecté et stocké 2000 souches de coronavirus dans le laboratoire de Wuhan.

Dans la région de Wuhan, deux autres laboratoires P3 travaillent sur les coronavirus des chauves-souris, dont l'un est situé à moins de 300 mètres du marché aux animaux de Wuhan.

De plus, en mars 2020, le président annonce le renforcement des mesures de sécurité des laboratoires. En effet, plusieurs scandales ont éclaté. Des animaux de laboratoire (et donc

---

[189] Source : https://www.challenges.fr/entreprise/sante-et-pharmacie/revelations-l-histoire-secrete-du-laboratoire-p4-de-wuhan-vendu-par-la-france-a-la-chine_707425

potentiellement infectés) seraient revendus (morts ou vivants) sur des marchés d'animaux.

Précision : en 2015, Zhengli Shi a manipulé génétiquement un virus du coronavirus (de chauve souris, inoffensif) et du SRAS pour créer un virus mutant avec l'aide d'une équipe américaine. L'objectif était de préparer un vaccin…

- Source : Complément d'enquête « Les derniers secrets du COVID-19 ».

2017

Le laboratoire de Wuhan est présenté à la presse en présence de Bernard Cazeneuve, Premier ministre, et de Marisol Touraine. Ils annoncent un chèque de 5 millions d'euros et une vaste coopération scientifique malgré de nombreuses oppositions scientifiques et politiques et un gouvernement chinois peu coopératif.

Des chercheurs français doivent également venir en résidence sur le site de Zhengdian, mais rapidement la coopération franco-chinoise sera au point mort. La France restait intraitable sur certains sujets (refus de livrer certains échantillons de virus) et la Chine était plus encline à refuser l'accès aux Français à certaines données qu'à coopérer.

2020-2021

David Asher qui a dirigé de septembre 2020 à janvier 2021 l'enquête du Département d'État américain sur les origines de la pandémie de COVID-19 déclare au Figaro en juin 2021 :

« Le 15 janvier dernier, poursuit David Asher, notre enquête avait permis de dévoiler que plusieurs employés de l'Institut de virologie de Wuhan sont tombés très malades début novembre 2019, avec des symptômes ressemblant à ceux de la grippe ou du COVID-19. Nous pensons qu'au moins trois de ces personnes ont été admises à l'hôpital – mais peut-être y en a-t-il eu beaucoup plus. Nous pensons également que certains membres de leur famille ont été infectés, et que peut-être l'une de leurs épouses est décédée en décembre. Il est possible qu'il s'agisse de cas de grippe, mais la procédure standard veut que les gens travaillant dans ces laboratoires soient vaccinés contre le plus de pathologies

possible, dont la grippe. Si l'on tient compte des temps d'incubation, il est probable que toutes ces personnes ont été infectées par le COVID-19, et non par la grippe, dès la fin du mois d'octobre... Cette découverte était l'élément manquant pour comprendre ce qui a pu se passer à Wuhan. Les autorités de Pékin viennent d'annoncer qu'elles refusaient toute coopération future. La question est de savoir pourquoi la Chine se comporterait de manière aussi suspecte si elle n'avait pas quelque chose à cacher. Une fuite de laboratoire n'est pas certaine à 100 %, mais, à ce stade, c'est la seule hypothèse qui ait du sens, et qui soit cohérente avec ce que nous savons. » [190]

2023

FRANCE

Le débat sur l'origine du virus est relancé par une chercheuse en biologie de l'évolution au CNRS, Florence Débarre qui suggère dans son étude qu'il s'agirait d'une origine naturelle : des chiens viverrins (qui ressemblent à des ratons laveurs appréciés pour leur fourrure) auraient été présents sur le marché de Wuhan. Ces chiens *« peuvent avoir été des hôtes intermédiaires entre les chauves-souris - réservoirs du virus - et les humains. Dans la liste des suspects, le chien viverrin était très haut »*, conclut-elle. [191]

ÉTATS-UNIS D'AMÉRIQUE

Le directeur du FBI, Christopher Wray, déclarait le 28 février 2023 sur la chaîne conservatrice Fox News, en précisant qu'il s'exprimait avec un degré de confiance « modéré » :

« La pandémie de COVID a pour origine la plus probable un potentiel incident dans un laboratoire de Wuhan ». [192]

---

[190] Source : https://asialyst.com/fr/2021/06/09/origines-covid-19-fuite-laboratoire-complotisme-these-credible/

[191] Source : https://www.radiofrance.fr/franceinter/covid-19-de-nouvelles-donnees-relancent-la-these-d-une-propagation-naturelle-du-virus-1383952

[192] Source : https://www.lemonde.fr/les-decodeurs/article/2023/03/02/origines-du-covid-19-pourquoi-il-faut-rester-prudent_6163852_4355770.html

Conclusion

Pour résumer :

• Le virus aurait émergé sur un marché de Wuhan et serait le foyer d'origine des premiers cas avérés de contamination.

• Les premiers cas diagnostiqués COVID-19 sont situés dans la même ville qui possède l'un des instituts de virologie les plus en pointe dans la recherche mondiale sur les coronavirus.

Comment croire qu'il puisse s'agir d'une pure coïncidence ?

Le virus se serait-il échappé accidentellement (ou volontairement) d'un laboratoire ? Serait-il d'origine naturelle ? Aurait-il été manipulé par des scientifiques avant d'être relâché ?

Il est toujours possible de douter en 2023. Mais au nom de la science et du consensus scientifique, ceux qui se sont exprimés avec un avis divergeant étaient réduits au silence, insultés de complotistes ou d'incompétents.

Jusqu'à quand va durer cette omerta ?

21

Le saviez-vous ?

Introduction

Peut-être que oui, vous le saviez, mais soyons honnêtes, probablement pas.

Au milieu du grand cirque d'informations contradictoires sur le COVID-19, entre les montagnes de chiffres, les interviews d'experts médicaux qui rivalisent avec les derniers épisodes de séries Netflix, les annonces gouvernementales qui ont le charme d'une fête d'anniversaire ratée, vous avez probablement manqué ces pépites d'informations directement liées au virus.

Des faits, rien que des faits. Est-ce pour impressionner la galerie ? Peut-être. Est-ce pour vous secouer et vous rappeler des informations cruciales qui ont pris la tangente de votre mémoire ? Assurément. C'est comme un buffet d'informations et vous êtes invités à vous régaler !

Vaccin, fellation et frites

Dans certains pays, des incitations fortes ont été mises en place pour vacciner un maximum de personnes.

- **En Suisse : une fellation contre deux doses de vaccin** [193]
- **Aux États-Unis d'Amérique, le maire de New York proposait des frites gratuites contre une vaccination** [194]

Nombre d'hôpitaux aptes à recevoir les cas COVID

Les critères utilisés pour désigner les établissements aptes à recevoir les cas COVID sont les suivants :

---

[193] Source : https://www.charentelibre.fr/societe/insolite/un-sex-club-suisse-propose-aux-clients-vaccines-une-fellation-gratuite-6969994.php
[194] Source : https://www.dhnet.be/actu/monde/2021/05/13/des-frites-gratuites-apres-setre-fait-vacciner-limprobable-proposition-du-maire-de-new-york-pour-inciter-a-la-vaccination-TXJRBF3RNREC5IH2Y7OZ5MBSAI/

- présence d'une unité d'infectiologie ou de lits dans une autre unité de soins sous la responsabilité d'un infectiologue sénior,
- chambres individuelles avec renouvellement d'air sans recyclage au sein de l'établissement,
- laboratoire de biologie médicale permettant d'assurer la biologie courante dans les conditions requises.

Niveau 1 de l'épidémie

Février 2020 : 38 hôpitaux (principalement des Centres Hospitaliers Universitaires).

Niveau 2 de l'épidémie

70 hôpitaux supplémentaires.

Niveau 3 de l'épidémie

Mobilisation de tous les secteurs de l'offre de soin. [195]

Et un total d'établissements de santé au 31 décembre 2019 (chiffres de la DREES) :

1354 hôpitaux publics, 671 établissements privés à but non lucratif et 983 cliniques privées.

Ce qui veut dire que sur 1354 hôpitaux, seuls 38 pour toute la France ont été habilités à recevoir les patients COVID. Serait-ce l'une des explications à la saturation des hôpitaux au début de l'épidémie ? Est-ce que cette situation a été voulue par notre gouvernement pour exagérer la gravité de la situation afin de faire peur ? Posez-vous les bonnes questions.

---

[195] Source : https://www.ouest-france.fr/sante/virus/coronavirus/carte-epidemie-de-coronavirus-quels-sont-les-hopitaux-mobilises-en-france-6752383

The Economist

Les « prédictions » du journal américain dans son numéro spécial « The economist, the world 2019 »

Regardez attentivement cette couverture.

J'ai inversé cette image, car sur la couverture originale nommée « The Economist : the world 2019 », les textes et le dessin apparaissent à l'envers. Et si vous cherchez l'image sur internet, il n'y a que sur la version américaine que vous verrez le QR CODE dans le téléphone. Pas sur la version européenne.

« Chaque année en décembre, le célèbre magazine «The Economist» publie un numéro spécial qui prédit les tendances et les événements de l'année à venir. Et à chaque fois, la couverture de ces éditions est une collection élaborée d'images faisant référence à des personnes et des concepts différents. Si la signification de certaines de ces images est évidente, d'autres semblent être codées pour «ceux qui sont au courant». L'édition de cette année ne fait pas exception. En fait, elle est plus énigmatique que jamais.

Pourquoi quelqu'un passerait-il du temps à déchiffrer ces reprises ? Parce que «The Economist» n'est pas n'importe quelle publication – elle est directement liée à l'élite mondiale. Elle appartient en partie à la famille bancaire Rothschild et son rédacteur en chef, John Micklethwait, a participé plusieurs fois à la conférence Bilderberg. Bref, les dirigeants de «The Economist» ont une connaissance approfondie du programme de l'élite et ils font de leur mieux pour le promouvoir. » [196]

Analyse des symboles et de ce que vous voyez sur cette couverture. Je rappelle qu'elle a été publiée en DÉCEMBRE 2018, soit plus de ONZE MOIS avant l'arrivée officielle de l'épidémie.

- **En bas à droite :** un pangolin. Qui savait ou avait entendu parler de cet animal en décembre 2018 ?

- **L'homme de Vitruve de Léonard de Vinci** (thème central de la couverture). Il tient dans sa main un smartphone avec un QR CODE. Tiens, donc… Il a deux tatouages, dont l'un, sur son avant-bras qui est une double hélice symbolisant l'ADN. Parlaient-ils déjà des vaccins à ARNm messager ?

---

[196] Source : https://exoportail.com/la-signification-des-messages-cryptes-de-la-couverture-le-monde-en-2019-de-the-economist/

- **Légèrement à gauche en dessous de la montagne** : le visage de Vladimir Poutine et l'inscription « pipelines de poutine » et juste en dessous les 4 cavaliers de l'apocalypse (dont l'un représente la statue de la Liberté avec un masque). L'affaire des gazoducs Nord Stream avant l'heure donc.

- **En bas, à gauche,** des urnes à voter. Parlaient-ils des élections américaines ?

- **Tout en bas à droite à côté du pangolin,** le visage d'une artiste peintre italienne. Il s'agit d'un autoportrait en sainte de Catherine d'Alexandrie d'Artemisia Gentileschidu. Son prénom **Artemisia** est aussi le nom d'une plante qui soignerait du COVID-19.

Pourquoi cette quasi inconnue figure sur cette couverture ? Peut-être pour nous faire penser à l'artémisia, une plante bien connue pour soigner le paludisme… comme la chloroquine.

- **Tout en haut à gauche :** le dessin de la tête de Pinocchio avec son nez qui s'allonge. Pour illustrer un mensonge poussé à son paroxysme ?

Un complotiste pourrait se dire que cette « pandémie » de COVID-19 était prévue, organisée et réfléchie de longue date par nos élites. Et c'est ce que je pense aussi.

L'exercice « Event 201 »

En avez-vous entendu parler ?

Le vendredi 18 octobre 2019, de 8 h 45 à 12 h 30, la fondation Bill et Melinda Gates, en coopération avec le forum économique mondial (WEF), 15 chefs d'entreprise, des décideurs politiques et de santé publique mondiaux ont participé à un exercice de simulation de pandémie mondiale au sein du « Johns Hopkins Center for Health Security », une ONG internationale située à New York.

Cet exercice avait pour but la simulation d'une réponse à *« de graves pandémies pour minimiser leurs conséquences économiques et sociales à grande échelle »*.

Le centre de sécurité sanitaire ajoute après coup qu'il n'y a aucun lien avec l'épidémie de COVID-19 *« bien que notre exercice de simulation ait inclus un nouveau coronavirus, les données que nous avons utilisées pour modéliser l'impact potentiel de ce virus fictif ne sont pas similaires à celles du nCOV-2019, aujourd'hui dénommé COVID-19. »*

Ouf, nous voilà rassurés. De plus, comme le dit l'AFP Factuel, cette simulation n'a rien à voir avec le COVID-19.

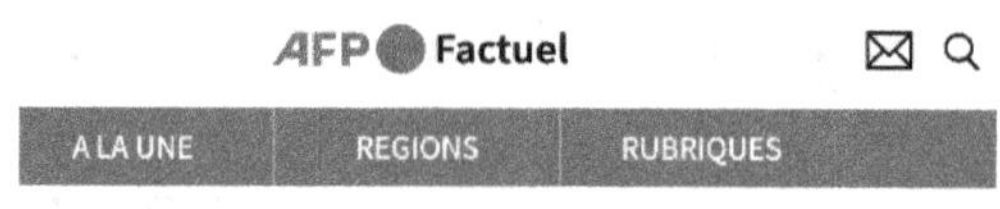

La fondation Bill Gates a participé à une simulation de pandémie en 2019, mais elle n'a rien à voir avec le Covid-19

Circulez bande de complotistes, il n'y a rien à voir !

Ce non-fait n'a pas été traité dans les médias français. Il a fallu que la rumeur, les complots et les chiffres explosent sur les réseaux sociaux pour que ce sujet soit repris (et décrédibilisé) par la presse française. [197]

Investissement de Bill Gates dans le laboratoire de BioNTech

En parlant de Bill Gates, accrochez-vous bien. La Fondation Bill & Melinda Gates a investi au total 55 millions de dollars dans BioNTech.

Bill Gates a acheté 1 038 674 actions (18,10 $ par action) de BioNTech (le partenaire de Pfizer pour ses injections d'ARNm COVID) **en septembre 2019, soit quelques mois seulement**

[197] Source : https://factuel.afp.com/la-fondation-bill-gates-participe-une-simulation-de-pandemie-en-2019-mais-elle-na-rien-voir-avec-le

246

avant l'annonce de la pandémie, vendues en novembre 2021 à un prix de vente unitaire moyen de 300 $, soit un gain de presque 1500 %.

Elle n'est pas belle la vie ?

Et dans le cadre de sa générosité philanthropique, Bill Gates finance de nombreux médias à travers la planète, et notamment notre journal Le Monde. [198]

Autre information intéressante concernant M. Gates. En mars 2010, ce dernier a participé à une conférence TED (série de conférences organisées au niveau mondial qui visent à diffuser des "idées qui valent la peine d'être diffusées") en déclarant mot pour mot ce qui suit :

« Le monde compte aujourd'hui 6,8 milliards de personnes. On devrait atteindre 9 milliards. Avec de très bons résultats sur les nouveaux vaccins, les soins de santé, le contrôle des naissances, on pourrait le réduire de peut-être, 10 ou 15 %, mais on gardera un facteur d'augmentation d'environ 1,3. »[199]

En clair, il estimait déjà en 2010 que la population mondiale était trop nombreuse et que son accroissement exponentiel devait ralentir. Parmi ses solutions à cette réduction : les nouveaux vaccins.

Les clubs échangistes sont restés ouverts pendant l'épidémie

Entre le 10 décembre 2021 et le 6 janvier 2021, les bars dansants et les discothèques ont fermé après l'annonce de Jean Castex qui cite ces lieux comme des *« lieux à haut risque de transmission »*. Mais rassurez-vous, les clubs libertins et autres saunas coquins pouvaient eux rester ouverts (environ 450 lieux en France).

Vas-y Franki c'est bon… tu peux continuer !

---

[198] Source : https://strategika.fr/2021/11/19/conflit-dinteret-bill-gates-a-donne-319-millions-de-dollars-aux-principaux-medias-revelent-des-documents/

[199] Source : https://www.ted.com/talks/bill_gates_innovating_to_zero?language=fr#t-247953

D'où vient le nom « COVID-19 » ?

« Co » renvoie à corona, « vi » à virus, « d » à disease (maladie, en anglais) et « 19 » à 2019, année de son apparition.

Avant, son nom était le SARS-CoV-2.

Pourquoi le Gouvernement n'a pas imposé la vaccination obligatoire pour tous ?

Dans sa lutte contre l'épidémie, l'exécutif a opté pour une approche de persuasion plutôt que de contrainte, cherchant à convaincre plutôt qu'à imposer. Une stratégie tout en subtilité, où le choix de rendre la vaccination contre la COVID-19 obligatoire aurait été une option plus directe, mais potentiellement chargée de complications juridiques.

En effet, une vaccination obligatoire aurait placé l'État en position de responsabilité automatique pour tout dommage causé par les vaccins, indépendamment de la gravité des préjudices subis par les patients. Toutefois, la décision d'opter pour la voie de la persuasion offre aux personnes vaccinées la possibilité de bénéficier de réparations sans avoir à prouver une faute ou un défaut du produit.

La solidarité nationale entre en jeu pour indemniser intégralement les victimes d'accidents médicaux liés à la vaccination, avec l'Office National d'Indemnisation des Accidents Médicaux (ONIAM) jouant un rôle central dans ce processus. De manière notable, la responsabilité des médecins ne pourra pas non plus être engagée dans ce contexte. Une équation délicate entre la volonté de promouvoir la vaccination et la gestion des responsabilités juridiques qui y sont associées. [200] [201]

Les laboratoires sont-ils non responsables des effets secondaires ?

C'est en partie vrai. Néanmoins, ce n'est pas si simple que cela.

---

[200] Source :
https://www.legifrance.gouv.fr/codes/article_lc/LEGIARTI000036393284/2018-01-01

[201] Source : https://professionnels.vaccination-info-service.fr/FAQ/Repondre-aux-questions-sur-la-vaccination-COVID/Qui-sera-responsable-en-cas-d-effets-secondaires-graves-post-vaccination-Covid

En cas de faute ou de défaut avéré du vaccin :

Comme l'a affirmé jeudi 3 décembre 2020 la ministre déléguée à l'Industrie, Agnès Pannier-Runacher :

« Il existe une loi et même une directive européenne, traduite dans la loi française, et qui est très claire : le producteur est responsable du dommage causé par un défaut de son produit. »

C'est donc à la victime de prouver le défaut de sécurité du produit, d'en apporter la preuve, de prouver le dommage subi et le lien de causalité. Comme tout fabricant, les laboratoires sont responsables quant à la sécurité du consommateur : ce sont les articles 1245 et suivants du Code civil transposant la directive européenne du 25 juillet 1985 qui stipulent que : *« le producteur est responsable du dommage causé par un défaut de son produit, qu'il soit ou non lié par un contrat avec la victime ».*

En cas d'effets secondaires liés au vaccin sans défaut avéré du produit :

Les patients pourront obtenir réparation en saisissant l'ONIAM : Office National d'Indemnisation des Accidents Médicaux au titre de la solidarité nationale. Il s'agit d'une procédure civile à l'amiable et rapide sans passer devant un tribunal. Il faudra prouver le lien de causalité avec la vaccination et une expertise peut être demandée par l'ONIAM. C'est donc la solidarité nationale, nos impôts, qui payeront la prise en charge des effets secondaires causés par ces vaccins.

Quant aux médecins et autres personnels soignants injecteurs, leur responsabilité ne peut être engagée, en principe, qu'en cas de faute de ces derniers. Ils ont une obligation de moyen et non de résultats.

Le passe sanitaire n'était pas suspendu en cas de test positif au COVID-19

Pendant la période d'isolement de 10 jours des personnes testées positives au COVID, et contrairement à ce que l'on pouvait s'imaginer, le passe sanitaire n'était pas suspendu, comme le confirme le ministère de la Santé (sous l'égide d'Olivier Véran) à Libération :

*« Non, une personne positive au COVID-19 **ne perd pas son passe sanitaire** de cycle vaccinal terminé, mais doit s'isoler dix jours. »*

Le passe n'était donc ni désactivé, ni suspendu, ni annulé si vous étiez positif. [202]

Des pompiers étrangers non-vaccinés en France

Du 11 au 17 août 2022, de nombreux feux de forêt faisaient rage en Gironde. La solidarité européenne a alors permis à des pompiers étrangers venant de quatre pays différents (64 Allemands, 146 Polonais, 73 autrichiens et 77 roumains) de prêter main-forte aux pompiers français. Les pompiers non-vaccinés français, eux, étaient suspendus (environ 5140 pompiers, dont environ 140 professionnels), alors qu'en même temps, pendant cinq jours, leurs homologues étrangers non-vaccinés ont pu venir lutter contre les incendies sans que leur statut vaccinal ne soit vérifié.

Des tests de dépistage ont été exigés à l'entrée sur le territoire national français, mais les pompiers tricolores ont été interdit d'intervenir.

Vous qui lisez ces lignes, comprenez-vous une logique quelque part ?

Des gendarmes à l'hôpital

Martinique : des gendarmes patrouillent à l'intérieur de l'hôpital pour arrêter les soignants non-vaccinés. [203]

Les restaurants clandestins pendant les confinements

Les Français, ce peuple d'en bas, ces sans dents, ces gens qui ne sont rien, pendant les périodes de confinements, devaient s'astreindre à des règles strictes sous peine d'amende. Mais cela semblait ne pas toucher certains VIP et autres journalistes qui ne s'estimaient pas concernés par les mesures qu'eux-mêmes vantaient dans leurs journaux.

---

[202] Source : https://www.liberation.fr/checknews/une-personne-positive-au-covid-19-perd-elle-son-pass-sanitaire-20210823_WPCJROASM5GYLNOW65GLIKUGUE/

[203] Source : https://lemediaen442.fr/martinique-des-gendarmes-patrouillent-a-linterieur-de-lhopital-pour-arreter-les-soignants-non-vaccines/

Des collègues de travail, des journalistes de BFMTV, Christophe Barbier et son patron Marc-Olivier Fogiel ont été pris la main dans le sac à faire des dîners clandestins dans un restaurant parisien près du siège de BFMTV d'après les révélations du *Canard enchaîné*.

Combien ont-ils été dans ce cas à se moquer du monde ? À mépriser sur les plateaux de télévision les non-vaccinés, à dénigrer ces « antisciences », à prôner la vaccination de masse et les mesures liberticides, tout en ne les appliquant pas à eux-mêmes ?

Si vous voulez rire, allez voir la vidéo : **Marcel sur Laurent Alexandre, Véran, Israël, BFM, confinement…** de Marcel D, avec un ton décalé et décapant : <u>Youtube</u>[204]

BFMTV, la chaîne d'info et de restauration en continu

On rit jusqu'à l'Elysée avec l'affaire du resto où "Le Canard" avait déjà surpris Marc-Olivier Fogiel.

L'ARTICLE du « Canard » (3/3) narrant par le menu la descente de poulets, le 24 février, dans un resto clandestin où banquetaient des camarades de BFMTV et des cadors des Hôpitaux de Paris a fait un triomphe. Cette histoire de bamboche, plus poilante que tragique, s'est même invitée jusque dans les cuisines de l'Elysée. Sans vouloir en faire tout un plat du jour, on n'est pas passé loin de l'affaire d'Etat !

Un conseiller de Macron en rigole encore, expliquant que « *Fogiel cherche à savoir s'il existe des photos* », car « *il est allé dans ce restaurant avec son équipe à plusieurs reprises* ». Un ministre, du genre taquin, ajoute qu'il a discuté avec des journalistes de BFMTV depuis la fermeture de l'établissement : « *Ils m'ont dit qu'ils savaient que cela allait finir par arriver. J'ai pensé : "Ils n'ont peut-être pas de cantine, à BFM !" Mais ce n'est pas le cas, ils ont bien une cantine.* »

Elle ne doit pas être assez chic pour les chefs de BFMTV, qui ne se sont pas démontés depuis que les poulets ont sifflé la fin de la récré. Interrogé par Philippe Vandel le jour de la parution du « Canard », Hervé Beroud, le dirlo délégué d'Altice, propriétaire de BFM, a osé : « *Je n'ai aucune information à ce sujet, très honnêtement* » (Europe 1, 3/3). Avant d'ajouter, assez bizarrement : « *J'ai lu cet écho, qui manquait un peu de précisions… »*

Si Beroud veut des précisions, en voici. Fournies d'autant plus volontiers qu'un autre dirigeant de BFMTV, son directeur général, Marc-Olivier Fogiel, semble lui aussi tristement sous-informé. « *Contrairement aux rumeurs de ces dernières 24 heures, je tiens à préciser qu'aucun journaliste ni consultant de BFMTV n'a été arrêté dans un restaurant clandestin à Paris fin février* », a-t-il tweeté le même jour.

« Arrêtés », bien sûr que non ! Mais, pour tout dire, l'aplomb de Fogiel laisse rêveur « Le Canard », qui, quinze jours avant la fermeture du resto, avait vécu, avec ce patron de BFMTV, une expérience savoureuse.

Allô, Marco, pourquoi tu tousses ?

Le mardi 9 février, le Palmipède cherche à joindre Fogiel à propos du départ de Ruth Elkrief. Pas joignable, le dirlo déjeune… dans un resto clandé où – secret de polichi-

nelle – il a son rond de serviette. Bigre ! Il est 13 h 13. « Le Canard » appelle l'établissement en question... Surprise : une dame décroche.

« Le Canard » : « Bonjour, nous n'arrivons pas à joindre Marc-Olivier Fogiel dans son bureau, mais nous savons qu'il déjeune régulièrement dans votre restaurant. Pourriez-vous nous le passer ? » La dame : « Pas de problème, ne quittez pas. » On entend alors l'interlocutrice, en talons, traverser tout le restaurant, le téléphone à la main, pour aller le tendre à Fogiel, attablé peinard dans un coin : « Un appel pour vous. » Long silence, bruits de frottements... Fogiel semble hésiter à prendre le combiné puis finit par s'en saisir.

« Allô, oui !

– Allô, bonjour, c'est "Le Canard enchaîné". Bon appétit, Marc-Olivier Fogiel ! »

À l'autre bout du fil, la gêne est palpable, surtout lorsque nous glissons, histoire de détendre l'atmosphère, que « cela fait plaisir de voir que les restos ne sont pas fermés pour tout le monde ».

Après neuf minutes assez laborieuses, la conversation sur le départ de Ruth Elkrief s'achève sur une formule de politesse : « Eh bien, au revoir, et encore bon appétit ! » Réponse de Marc-Olivier Fogiel en forme de gros bobard : « Merci, oui, je suis en train d'emporter de la nourriture... »

Il est quand même drôle, le patron de BFMTV, lorsqu'il joue au gars « click and... correct » !

Christophe Nobili

A table !

GAG : le 11 février, un client du resto préféré de BFM avait posté un commentaire (effacé depuis) sur le site TripAdvisor : « *Par une curieuse autorisation, ce restaurant est ouvert en cette période du fait d'une clientèle de généraux et de journalistes (BFM, "Libération"...), et c'est bien agréable. Bon repas, servi rapidement dans la véranda, personnel sympathique et clientèle contente d'être là et de profiter de ce moment privilégié. Habitué de ce restaurant, toujours de bonne qualité, jamais déçu.* » On veut bien le croire !

Le personnel soignant au boulot en étant positif

Le personnel soignant a pu pendant un temps travailler tout en étant positif au COVID-19. Cette kinésithérapeute n'était pas contre le vaccin, mais attendait d'avoir un peu de recul.

---

[204] Source : <u>https://www.youtube.com/watch?v=VSwDaD8HymY</u>

Ces soignants ont surtout très mal vécu les discours du ministère, puis les directives dans les services qui ont sans cesse évolué et manqué de cohérence.

« Ce ne sont pas des arguments sanitaires. On m'a laissé travailler en étant positive et je ne peux pas sans vaccin ? Pourtant, on a appris depuis que le vaccin n'empêche pas la transmission, ces arguments ne tiennent plus. » [205]

Les parlementaires n'ont jamais été concernés par le passe vaccinal.

« Faites ce que je dis, pas ce que je fais. »

Les députés non-vaccinés n'avaient pas à le présenter pour entrer dans l'hémicycle. En effet, l'amendement numéro 226 de Jacques Marilossian, député LREM des Hauts-de-Seine, qui demandait d'étendre l'obligation de présentation du passe vaccinal aux parlementaires souhaitant accéder aux hémicycles de l'Assemblée nationale et du Sénat, a été rejeté le 5 janvier, lors de l'examen du projet de loi.

Cet amendement devait permettre *« d'étendre l'obligation de présentation du passe vaccinal à l'accès au Parlement ainsi qu'aux organes délibérants des collectivités territoriales »*, expliquait Jacques Marilossian lors de son intervention.

L'Assemblée nationale, au même titre que tous les établissements recevant du public, avait instauré la présentation du passe sanitaire pour les visites et l'accès aux lieux de restauration, mais pas pour se rendre dans les salles permettant de délibérer. [206]

---

[205] Source : https://www.lanouvellerepublique.fr/
[206] Source : https://www.liberation.fr/checknews/est-ce-que-les-deputes-et-les-senateurs-seront-exemptes-de-pass-vaccinal-pour-entrer-dans-lhemicycle-20220112_74OLTA26O5H6RD3JCNTWYAD5JM/

Sabrina Agresti Roubache (aujourd'hui secrétaire d'État chargée de la ville) soignée à la chloroquine

Interview sur BMFTV du 23/03/2020, elle déclare avoir été traitée à la chloroquine par le professeur Didier Raoult à Marseille. Le traitement lui aurait été extrêmement efficace. [207]

Les détenus ne sont pas des cobayes

Eric Dupont-Moretti, garde des Sceaux

Déclaration du 14 avril 2021 :

« Les détenus ne sont pas des cobayes ! Ils ont le droit de refuser la vaccination. C'est une question de dignité. »

Pour les Français, la vaccination obligatoire déguisée a été imposée pour avoir au plus fort des restrictions une vie à peu près normale. Mais pas pour les détenus qui ne sont pas des cobayes. Ce qui veut dire que le reste de la population sert de rat de laboratoire ?

Le secret médical a volé en éclat

Jusqu'à l'arrivée du COVID-19, le secret médical (garanti par le code de la santé publique) était un droit fondamental. Mais il a rapidement volé en éclat à partir de 2020.

Un exemple du traitement réservé au secret médical pendant la pandémie :

« Désormais, les médecins généralistes ont librement accès à une liste qui recense leurs patients non-vaccinés contre le COVID. Certains s'en saisissent pour tenter d'amener les plus récalcitrants vers la vaccination. Depuis le début de l'été, l'Assurance maladie peut transmettre aux médecins traitants les noms de leurs patients non-vaccinés, si ces derniers en font la demande, la CNIL leur ayant ouvert cette possibilité. » [208]

---

[207] Source : https://www.bfmtv.com/sante/coronavirus-traitee-par-le-professeur-didier-raoult-elle-temoigne_VN-202003230158.html%C2%A0
[208] Source : https://www.midilibre.fr/2021/08/20/chasse-aux-refractaires-ils-utilisent-les-listes-des-non-vaccines-au-covid-19-pour-tenter-de-les-convaincre-9742501.php

Les restaurants du cœur n'ont plus de cœur

En octobre 2021, le Collectif Blouses Blanches, une association qui regroupe des soignants non-vaccinés suspendus de leur activité, a organisé une collecte alimentaire dans les Yvelines. La collecte a été refusée par plusieurs Restaurants du Cœur, qui ont invoqué le règlement intérieur de l'association, qui stipule que les bénéficiaires doivent être en situation de précarité financière.

Le Collectif Blouses Blanches a dénoncé ce refus comme une discrimination et une atteinte à la solidarité nationale. L'association a également pointé du doigt le fait que les Restaurants du Cœur avaient déjà organisé des collectes alimentaires pour d'autres associations, dont certaines étaient également à but non lucratif.

- À lire : extrait de l'entretien essentiel du 6 avril 2023 de Sonia et Nathalie de l'association « les Blouses Blanches » dans le journal France Soir. [209]

Un ministre de la Santé à la chinoise ?

En juin 2021, face à un variant Delta *« très, très contagieux »*, Olivier Véran annonçait un plan plus coercitif pour les récalcitrants :

« Si une personne contaminée par le variant indien refuse de répondre aux équipes de l'Assurance maladie ou de respecter les consignes de mise à l'abri, une alerte est faite aux préfets. Ces derniers peuvent prendre des mesures d'isolement. (...) Nous n'hésiterons pas à le faire, car nous ne pouvons pas prendre le risque de départ d'une nouvelle vague épidémique. » [210]

Cachez-moi ces effets secondaires !

Alors que nous savons aujourd'hui que OUI, les injections COVID-19 entraînent des effets secondaires, à court, moyen et

---

[209] Source : https://www.francesoir.fr/videos-l-entretien-essentiel/sonia-et-nathalie-de-l-association-des-blouses-blanches
[210] Source : https://www.leparisien.fr/societe/sante/covid-19-autotests-partout-mediateurs-mesures-coercitives-veran-annonce-son-plan-pour-lete-20-06-2021-54YIALFFIVH7BJT3OJDPYO5MA4.php

long terme, le CDC a décidé de casser le thermomètre en juin 2023 en ne collectant plus les données.

Pour quelles raisons d'après vous ?

Vous avez un chat ? Protégez-vous, tuez-le ! (Grande-Bretagne)

01/03/2023 - Lord James Bethell, ancien ministre adjoint de la Santé.

James Bethell a déclaré que les autorités sanitaires étaient très incertaines quant à la possibilité que les animaux domestiques puissent transmettre la maladie et qu'à un moment donné, il avait eu l'idée selon laquelle les citoyens britanniques devaient exterminer tous les chats.

« Il y a eu une idée à un moment donné que nous devions peut-être demander au public d'exterminer tous les chats en Grande-Bretagne. »

Cependant, cette proposition a été abandonnée. Les propriétaires de chats ont été conseillés de ne pas embrasser leurs animaux et de respecter des mesures d'hygiène très strictes en leur présence. [211]

---

[211] Source : https://lemediaen442.fr/pendant-la-pandemie-les-autorites-britanniques-ont-envisage-leuthanasie-de-tous-les-chats-domestiques-du-pays/

Plus de 10 doses de vaccin prévues par la Commission européenne dès novembre 2021

Les premières données sur l'efficacité des vaccins contre la COVID-19 ont été rendues publiques en novembre 2020. Les recherches conduites par les laboratoires Pfizer et BioNTech ont révélé qu'une seule dose de leur vaccin présentait une efficacité de 95 % pour prévenir les cas symptomatiques de COVID-19.

Cependant, un rapport spécial de la Cour des comptes européenne, intitulé *« L'UE et l'acquisition de vaccins contre la COVID-19 – un approvisionnement suffisant après des débuts compliqués, mais une évaluation trop sommaire de la performance du processus »* et publié le 23 juin 2022, apporte un éclairage différent. Selon ce document, en novembre 2021, la Commission européenne avait signé des contrats pour un montant de 71 milliards d'euros afin d'acquérir jusqu'à 4,6 milliards de doses de vaccins. À cette époque, la population de l'Union européenne s'élevait à 447 millions d'habitants, sans inclure les citoyens britanniques. Ainsi, les 4,6 milliards de doses commandées par la Commission européenne représentaient environ 10,7 doses par citoyen de l'UE.

Cette quantité suscite des interrogations sur la stratégie d'achat de l'Union européenne, étant donné que les données initiales suggéraient qu'une seule dose serait hautement protectrice. La décision de la Commission européenne d'acheter un nombre de doses excédant largement les besoins immédiats de la population soulève des questions sur l'évaluation de la performance du processus d'acquisition et la planification à long terme des besoins en vaccins. [212]

---

[212] Source : https://www.eca.europa.eu/fr/publications?did=61899

22

Recommandations de lectures

Les livres, sites internet, vidéos et autres qui suivent et que je vous recommande m'ont aidé à y voir plus clair, à me rendre compte que je n'étais pas un méchant complotiste antivax.

Livres

Pierre Chaillot, statisticien et auteur

COVID 19, ce que révèlent les chiffres officiels

Alexandra Henrion-Caude, généticienne, directrice de recherche

Les apprentis sorciers. Tout ce qu'on ne vous a pas dit sur l'ARN messager !

Eusebe Rioche, docteur en sciences, philosophe

COVID-19, guerre ouverte contre les peuples. Préfacé par Jean-Dominique Michel

Zineb Deneb, docteur (dermatologue et vénérologue)

Médecine et totalitarisme

Anne Morelli, professeur, historienne

Principes élémentaires de propagande de guerre

Ariane Bilheran (psychologue) et Vincent Pavan (enseignant-chercheur et maître de conférences à l'université d'Aix Marseille)

Le débat interdit

Langage, COVID et totalitarisme

Jean-Dominique Michel, spécialiste en anthropologie de la santé

Autopsie d'un désastre. Mensonge et corruption autour du COVID

Laurent Toubiana, épidémiologiste et docteur en physique

COVID 19 - Une autre vision de l'épidémie : Les vérités d'un épidémiologiste

Philippe Aimar, grand reporter et journaliste

COVID 19 : Les Dossiers dangereux : « Dépopulation, morts suspectes, manipulations, compromissions et organisations mafieuses »

Enquête sur un virus COVID 19 : « Manipulations, vols, meurtres, influences et guerres médiatiques »

Les sites Web et médias indépendants

- Le Média en 442 : https://lemediaen442.fr/
- Reaction19, « Ensemble, faisons valoir nos droits. » Association de défense des droits des citoyens contre les mesures liberticides : https://reaction19.fr/
- COVIDHub : https://www.COVIDhub.ch/
- Blastmédia : https://www.blast-info.fr/
- Elucid : https://elucid.media/
- Off-Investigation : https://www.off-investigation.fr/
- Jean-Dominique Michel : https://www.jdmichel.tv/

Reportages, vidéos et documentaires

Hold-Up, retour sur un chaos. Documentaire citoyen, disponible sur internet

La médecine et la santé publique à l'épreuve du COVID, IHU Méditerranée-Infection

- Youtube[213]

Les dossiers dangereux du COVID-19. Entretien avec Philippe Aimar - France Soir 25-03-2023

- Odysee[214]

Le Dr David MARTIN démolit l'histoire du COVID au parlement européen, depuis 1990

- Crowbunker[215]

---

[213] Source : https://www.youtube.com/watch?v=WUkcsSnVzl0&t=1240s

[214] Source : https://odysee.com/@JustSoYouKnow:7/D%C3%A9population,-morts-suspectes-et-organisations-mafieuses-2023_05_23_Philippe-Aimar:b

[215] Source : https://crowdbunker.com/v/X8Lo4AoAZH

23

Les outils

Introduction

Malheureusement, pour une information juste, accessible et non orientée, vous devez ruser. Vous ne pouvez plus vous contenter de brancher votre cerveau sur TF1, BFMTV ou LCI (pour ne citer qu'eux) pour avoir accès à de l'information brute, sans-parti pris ou déformation idéologique.

Quand j'ai commencé mes recherches pour écrire ce livre, je me suis rendu compte que beaucoup de contenus avaient été supprimés (vidéos, sites internet, posts sur les réseaux sociaux…). Les exemples sont nombreux.

J'eus l'impression d'être un dissident nord-coréen cherchant à surfer sur des sites internet interdits en regardant au-dessus de mon épaule, de peur de voir ma porte voler en éclats par les forces gouvernementales venues m'arrêter pour sédition. Certes, j'exagère, mais c'est à ce moment-là que je me suis rendu compte de l'étendue de la censure, en France, pays des droits de l'homme et du citoyen et de la liberté d'expression.

Ces outils m'ont été utiles et je souhaite vous les partager.

WebArchives

Pour retrouver des archives d'articles disparus

Pour retrouver les articles supprimés ou non accessibles. De nombreuses sociétés n'assument plus aujourd'hui leurs positions ou leurs recommandations. Elles ont donc purement et simplement supprimé des articles entiers de leur site internet. Pour faire des recherches sur une époque précise (en l'occurrence 2020 et 2021), il existe des traces sur les moteurs de recherches. Mais lorsque vous essayez de consulter les articles, les liens renvoient sur des liens morts. Pour autant, il existe des solutions.

Certains sites archivent la quasi-intégralité d'internet et stockent des images chronologiques qui permettent de les faire réapparaître comme par magie. Il s'agit d'internet Archive : Wayback Machine accessible à l'adresse suivante :

https://archive.org/web/

Un exemple d'article supprimé :

https://www.medecin-occitanie.org/COVID-plusieurs-voix-selevent-contre-la-reintegration-des-soignants-non-vaccines/

Qui réapparaît comme par magie avec Wayback Machine :

Web archive medecin occitanie

VPN

Indispensable aujourd'hui, et ce pour plusieurs raisons.

Un VPN, ou Réseau privé virtuel, est un service qui permet de créer une connexion sécurisée entre un appareil et un réseau distant. Cela permet à l'utilisateur de masquer son adresse IP et son emplacement, et de se connecter à des sites Web et des services qui seraient autrement bloqués. Un VPN fonctionne en créant un tunnel sécurisé entre l'appareil de l'utilisateur et un serveur VPN. Ce tunnel est chiffré, ce qui signifie que les données transmises sont cryptées et ne peuvent pas être lues par des tiers.

Les VPN peuvent être utilisés à des fins diverses, notamment :

- **Pour protéger la confidentialité en ligne.** Un VPN peut être utilisé pour masquer son adresse IP et son emplacement, ce qui peut aider à protéger la vie privée en ligne.

- **Pour accéder à des contenus bloqués.** Un VPN peut être utilisé pour se connecter à des sites Web et des services qui seraient autrement bloqués, tel que des sites de streaming ou des services de médias sociaux.

- **Pour améliorer la sécurité en ligne.** Un VPN peut être utilisé pour sécuriser les connexions à des Wi-Fi publiques, ce qui peut aider à protéger les données contre les pirates.

Les meilleurs sont payants, évidement, et je ne peux que vous conseiller d'utiliser des services dont les serveurs sont situés hors États-Unis.

Rumble (accessible avec un VPN)

Rumble est une plateforme de vidéos en ligne qui se présente comme une alternative à YouTube. Elle a été fondée en 2013 par Chris Pavlovski, un entrepreneur technologique.

- Site : https://rumble.com/

Odyssée

Odyssée est une plateforme de partage de vidéos qui a été créée en septembre 2020 par Jeremy Kauffman, un libertarien américain. La plateforme repose sur le protocole LBRY qui est décentralisé grâce à de la diffusion pair à pair.

- Site : https://odysee.com/

CrowdBunker

CrowdBunker est une plateforme en ligne qui permet aux utilisateurs de sauvegarder et de partager du contenu en ligne. La plateforme a été fondée en 2021 par un groupe de développeurs et d'activistes qui se sont préoccupés de la censure et de la suppression de contenu sur les grandes plateformes de médias sociaux.

- Site : https://crowdbunker.com/

Conclusion

Bien évidemment, en surfant sur ces sites internet, vous tomberez sur des vidéos totalement loufoques, complotistes au centième degré. C'est à vous de faire le tri et de ne pas écarter d'emblée ce qui vous semble peu crédible.

Cherchez, regardez, écoutez et faites-vous votre propre avis. C'est ainsi que vous forgerez votre esprit critique. Ne faites pas confiance aux médias subventionnés pour vous informer.

24

Je n'oublie pas...

Au fil de mes recherches, j'ai découvert ce texte écrit par une inconnue, elle aussi très marquée par les mesures inhumaines prises par le gouvernement, et atterrée par l'acception de toutes les mesures par la société sans sourciller.

Je pense que son écrit est révélateur de ce que ressent, encore aujourd'hui, une partie de la population.

« Besoin de laisser une trace écrite de tout ce que je ressens, la suspension du passe approchant.

Je n'oublie pas. La date du 12 juillet 2021 qui a marqué ma vie à jamais, qui a détruit ma confiance en mon pays, ma confiance en la démocratie.

Je n'oublie pas que la devise de la France *« Liberté Égalité Fraternité »* s'est transformée en *« quoi qu'il en coûte »* oui, quoiqu'il en coûte des dégâts collatéraux…

Je n'oublie pas que la fin aura justifié tous les moyens, même les plus ignobles,

Je n'oublie pas que la « Liberté » est devenue « condition », « l'Égalité » à disparu pour laisser place à la « discrimination », la « Fraternité » a volé en éclat et est devenue « division ».

Je n'oublie pas la fracture du peuple, les discussions houleuses, les amitiés brisées.

Je n'oublie pas les victimes du COVID, les victimes collatérales de certaines mesures : les suicides, les faillites, les enfants à qui on a volé l'insouciance et qu'on a culpabilisés, les citoyens vaccinés, dès 12 ans, contre leur volonté profonde.

Je n'oublie pas ma cousine, dans son centre de rééducation depuis 7 mois qui se bat pour tout réapprendre suite à sa deuxième injection Pfizer. J'espère la justice pour elle et les autres victimes des injections expérimentales qui sont trop nombreuses et qui sont les oubliées de cette crise, réduites au silence.

Je n'oublie pas les personnes âgées mortes de solitude pendant les confinements, enfermées pour certaines dans leur chambre en EHPAD, les obsèques en comité restreint, l'impossibilité des proches de dire adieu à un défunt.

Je n'oublie pas les soignants suspendus SANS SALAIRES depuis le 15 septembre 2021, avec la complicité des syndicats et des institutions. À qui on a même retiré le droit de démissionner, qu'on refuse de licencier, laissés SANS RESSOURCE, dans le mépris le plus total et l'indifférence générale, alors même qu'on les applaudissait tous les soirs pendant la première vague. Ils sont 15 000 soignants et 5000 pompiers. En pleine crise sanitaire, comment accepter de se passer d'eux quand des soignants vaccinés positifs au COVID, eux, peuvent exercer ?

Je n'oublie pas le masque sur le visage de mes enfants, 10 heures par jour, en intérieur comme en extérieur, y compris en cours de sport, dans l'indifférence des adultes, au mépris de leur santé mentale et de leur bien-être.

Je n'oublie pas les réprimandes subies par mon fils au collège, les mots dans le cahier de liaison, la punition qu'il a reçue pour avoir osé baisser son masque pour respirer convenablement. Le devoir de 3 pages à remplir pour démontrer « les bienfaits du port du masque » et la culpabilisation induite dans ce travail de vouloir contaminer ses petits camarades. Depuis, il ne baisse plus jamais son masque par peur de sanctions. Il est rentré dans le moule, il a abdiqué. Je ne peux pas m'en réjouir.

Je n'oublie pas la complicité des enseignants, des directeurs d'école, des institutions au détriment de l'intérêt supérieur de l'enfant. Un masque n'est pas normal et n'a jamais empêché un virus de circuler, un virus qui ne circule d'ailleurs pas chez nos enfants.

Je n'oublie pas d'avoir été interdite d'accompagner mon fils à ses matchs de foot, même en extérieur, de l'accompagner au guichet du cinéma pour acheter sa place pour qu'il profite d'un film avec un copain. Je n'oublie pas l'humiliation ressentie ce jour-là d'avoir dû rester dehors et veiller à ce qu'il achète bien son billet à travers la vitre.

Je n'oublie pas les médecins, soignants qui ont bafoué leur serment d'Hippocrate en hypocrite, conditionnant l'accès aux soins, refusant d'opérer ou de prendre en charge des patients non injectés. La maltraitance physique et verbale (vécue par un proche avant une intervention chirurgicale, parce que non-vacciné).

Je n'oublie pas que les riches se sont enrichis, les pauvres appauvris, les profits des labos, la corruption des États, les conflits d'intérêts, la censure des discours scientifiques contraires à la parole officielle, les traitements efficaces interdits encore aujourd'hui.

Je n'oublie pas la pression sociale, le mépris que j'ai ressenti, les regards accusateurs, les phrases assassines.

Je n'oublie pas d'avoir été considérée comme une sous-citoyenne, irresponsable, égoïste et inconsciente, d'avoir été désignée comme une ennemie, un danger.

Je n'oublie pas qu'on m'a culpabilisée de réfléchir par moi-même, de douter, d'exercer mon libre arbitre et de faire appel à mon sens critique.

Je n'oublie pas d'avoir été traitée de complotiste.

Je n'oublie pas le passe sanitaire, le pass vaccinal, de constater avec désolation l'acceptation de la majorité, comme hypnotisée.

Je n'oublie pas d'avoir été, mes enfants et moi, empêchés de vivre normalement, d'avoir été mis en isolement social.

Je n'oublie pas d'avoir été insultée par le Président : *« les non-vaccinés, j'ai très envie de les emmerder... On va continuer de le faire, jusqu'au bout »*. *« Un irresponsable n'est plus un citoyen »*.

Je n'oublie pas la guerre psychologique faite dans les médias, la manipulation par la peur, les propos honteux, les insultes de médecins, philosophes, politiques, journalistes, célébrités : *« il faut confiner les non-vaccinés »*, *« les non-vaccinés ont du sang sur les mains »*, *« faut-il soigner des non-vaccinés ? »*, *« vu le nombre de gens qui se sont fait vacciner même si on doit tous crever, je préfère, plutôt que de rester sur terre avec les pauvres connards qui ne se sont pas fait* *vacciner »*, *« dites à vos amis non-vaccinés qu'ils commencent à nous saouler ».*

Je n'oublie pas que plus rien ne sera jamais comme avant, que la société est abimée, que je suis abimée. Cela m'a profondément changée.

Je n'oublie pas que le QR code a laissé place au bon sens et fera partie de nos vies. Une nouvelle vague, un nouveau virus, une guerre, une crise écologique… justifiera son retour.

Enfin, et je veux garder surtout ça au fond de moi : Je n'oublie pas les manifestations dans la joie et la bonne humeur, les nouvelles amitiés, les valeurs partagées, le convoi de la liberté, les associations, la solidarité, les groupes d'entraide et tous les résistants. »

Auteure inconnue

25

Conclusion

Je sais, comme tout le monde, vous avez envie de passer à autre chose, chasser de votre tête ce dramatique épisode COVID-19, reprendre une vie normale et essayer d'oublier ce que nous avons tous subi.

Mais je pense qu'on ne tournera pas la page. Ne serait-ce qu'à cause des procès à venir pour la gestion de cette plandémie, les effets secondaires ainsi que tous les mensonges qui nous ont été dits.

Pourquoi ?

La question la plus importante à se poser est pourquoi ? Pourquoi cette « épidémie » a-t-elle mobilisé l'intégralité de l'État, du gouvernement, des médecins, du système de santé, des médias, des scientifiques ? Pourquoi cette histoire de virus et tout ce qui tourne autour sont tombés sur nous comme une chape de plomb cristallisant l'intégralité des sociétés ?

J'ai plusieurs hypothèses à mettre en avant.

Soit le COVID-19 a été un virus extrêmement mortel et a été l'un des phénomènes mondiaux les plus dévastateurs – mais cela ne semble pas avoir été le cas, contrairement à ce qu'on a essayé de nous faire croire au début –, soit il a servi ou servira à cacher d'autres thèmes d'une importance majeure : une crise économique peut-être ? La récession en servant de bouc émissaire providentiel ? Des scandales politico-financiers ? Un détournement mondial des ressources financières publiques au profit de sociétés privées ?

Une chose est certaine : le COVID-19 ne nous a pas plongés dans un marasme financier, ce sont les décisions prises qui en ont été à l'origine. De la fermeture des commerces, des entreprises, des sociétés, aux confinements en passant par les restrictions imposées souvent ubuesques.

Mais les gouvernements ne seront pas responsables bien sûr, ils n'ont fait que suivre l'avis des « experts » scientifiques qui eux-mêmes se sont basés sur les données disponibles. Ou peut-être que ces décideurs seront coupables, mais non responsables, car «de bonne foi». Et les procès auront lieu quand les responsables seront morts, séniles ou hors de portée.

La presse

La presse (mais aussi les réseaux sociaux) a également joué un rôle majeur dans l'évolution des faits qui nous étaient annoncés. Alors qu'elle devait être un contre-pouvoir, le quatrième pouvoir dans une démocratie forte, elle n'a fait qu'être, à de rares exceptions près, le relai complaisant de la politique gouvernementale. Sous couvert de lutte contre la désinformation, la légalisation de la censure s'est imposée et est utilisée comme prétexte à de nouvelles interdictions sur les réseaux sociaux, notamment par l'Union européenne. Les voix dissidentes les inquiètent et doivent être éradiquées.

La presse a été l'incubateur d'une peur et d'une culpabilité savamment entretenues sur le moyen et le long terme en créant une anxiété générale pour imposer une société de contrôle et d'interdictions en tous genres.

Tous les sujets d'importance sont traités sous l'angle de la peur et chaque nouvelle actualité suit l'autre sans réelle réflexion juste et équitable. Avant le COVID, souvenez-vous des gilets jaunes, des pénuries d'électricité, de la guerre en Ukraine, le carbone (CO_2), la canicule et les sécheresses, le réchauffement climatique, la transition énergétique, les attaques du Hamas et l'hypothèse d'une troisième guerre mondiale…

Ceux qui refusaient cette tyrannie de la peur imposée et osaient l'exprimer étaient (et sont toujours) condamnés à une mort sociale.

Il serait grand temps que la presse se remette en question sur son rôle aujourd'hui en 2023 et fasse sa propre autocritique. Elle doit dire la vérité, relater des faits et ne pas servir une soupe fétide passée à la moulinette idéologique (le camp du bien).

Sous de faux prétextes et toujours pour votre bien, les libertés, toutes nos libertés (opinions, expressions, vie privée, de déplacement…) ont littéralement volé en éclats pendant cette période sous prétexte sanitaire. Il en sera de même à chaque fois, mais à pas feutrés et petit à petit.

Mais cela commence à se jouer à un autre niveau : l'Union européenne qui, alors que les Français l'avaient rejetée en 2005 lors du référendum, régente nos vies et s'immisce de plus en plus au niveau national, supplantant notre souveraineté.

C'est toujours officiellement pour votre protection, votre bien que vos libertés seront grignotées (exemples : le DSA acte européen, la tentative de suppression des VPN pour lutter contre l'anonymat sur internet ou le cyberharcèlement).

Il s'agit d'un plan plus global, qui touche également les États-Unis, le Canada ou l'Australie par exemple.

En fin de compte, que retenir de cette crise ?

En ce qui me concerne, mon avis est déjà tranché et je peux le résumer en quelques phrases.

Ce qui a été dépensé par les uns (États...) a permis d'engraisser les autres (Big pharma...).

Les vaccins (COVID-19, HPV... et d'autres à venir) sont le nouveau pétrole, l'or noir 2.0. La fameuse balance bénéfices-risques peut être vue ainsi : les bénéfices pour eux, les risques pour nous.

La crise COVID-19 a permis une soumission totale et une manipulation majeure de la population. Les libertés, pourtant fondamentales, ont été annihilées. Et les instances censées nous les garantir n'ont fait que valider l'intégralité des restrictions.

Rappelez-vous la phrase de Benjamin Franklin, un des Pères fondateurs des États-Unis, qui apparaît pour la première fois dans un article intitulé "An Historical Review of the Constitution and Government of Pennsylvania" publié en 1759 :

« Ceux qui renonceraient à la liberté essentielle pour obtenir un peu de sécurité temporaire ne méritent ni liberté ni sécurité. »

Nous avons perdu nos libertés, pour les retrouver, en partie. Mais jusqu'à quand ? Quand sera la prochaine étape ? Et de quelle ampleur ?

Bien sûr, tout n'est pas négatif. On peut continuer sa vie d'avant, mais rien ne sera comme avant.

Ni oublie ni pardon. Jamais.

Vous souhaitez aller encore plus loin ?

Renseignez-vous sur les sujets suivants :

- Le World Economic Forum et l'agenda 2030
- Klaus Schwab
- La Grande Réinitialisation
- George Soros et l'Open Society
- Les Youngs Global Leader
- La protéine Spike
- Bill Gates et les moustiques génétiquement modifiés
- CBDC, les monnaies numériques traçables
- Projet Veritas
- Expérience de Milgram
- L'ONU et le pacte numérique mondial

Pour accéder à l'intégralité des documents PDF, rapports, codes, serments et autres textes que je cite dans ce livre, vous pouvez utiliser :

soit le lien internet suivant :

https://tinyurl.com/chambani

soit scanner le QR CODE suivant :

TABLE DES MATIERES

11 — 119

LE PERSONNEL SUSPENDU ET LES PERSONNES NON-VACCINÉES — 119

12 — 127

LES DÉCLARATIONS MÉDIATIQUES CONTRE LES PERSONNES NON-VACCINÉES ET DISCRIMINATIONS — 127

13 — 143

HÔPITAUX, SOIGNANTS, MÉDECINS ET RÉMUNÉRATION — 143